Diogenes Ta

Charlotte Armstrong

Schlafe mein Kindchen

Roman
Aus dem Amerikanischen
von Nikolaus Stingl

Diogenes

Neuübersetzung

Alle deutschen Rechte vorbehalten
Copyright © 1988
Diogenes Verlag AG Zürich
30/93/8/2
ISBN 3 257 21601 7

1. Kapitel

Ein Mr. Peter O. Jones, Chefredakteur und Herausgeber der Brennerton ›Star-Gazette‹, stand im Badezimmer eines Hotels in New York City und schrubbte sich die Nägel. Durch die offene Tür sah seine Frau Ruth, wie sein bloßer Nacken sich versteifte, sah, wie er sein Spiegelbild ins Auge faßte, und hörte ihn über dem Rauschen laufenden Wassers deklamieren: »Meine Damen und Herren...« Sie zwinkerte Bunny zu.

Ruth saß in ihrem langen Unterrock an der Frisierkommode, da sie sich entschlossen hatte, sich an diesem Abend so makellos, so ausgesucht feinzumachen wie nur je eine Frau auf der Welt. Sie puderte sich gerade ganz zart die dünnen, bloßen Schultern. Jedes blonde Haar auf ihrem Kopf lag bereits in schimmernder Ordnung. Ihre sorgfältig geschminkten Lippen lächelten in einem fort, denn sie wußte, daß dieses ausgedehnte Ritual, dieses Schönmachen von Kopf bis Fuß, nur dazu diente, das herrliche Vergnügen zu vergrößern.

Es war *der Abend.* Ruth seufzte, aus einer Vielfalt von Empfindungen heraus.

Was für eine Formel, dachte sie, ist ein Hotelzimmer. Alles, was man braucht. Und wenn jedes Detail mit solch gewichtigem Komfort, solch düsterem gutem Geschmack umgesetzt wird, wird es eine Formel für Luxus. Die Einzelbetten, streng sauber, straff bezogen. Lampe und Telefon dazwischen. Kommode, Frisierkommode. Schreibtisch und Schreibtischstuhl (falls die menschliche

Einheit den Füller zur Hand nehmen muß). Fensterwand auf einen Hof, mit dem großen Heizkörper mit Metallabdeckung über die ganze Länge. Gardinen in Hotelecrü. Vorhänge in Hotelbrokat. Sessel in Hotelbraun. Die Stehlampe. Der Stehaschenbecher, dieses gräßliche, nützliche Ding. Der riesige, leere Schrank. Und das Bad. Die Fliesen. Die großen Handtücher. Die kleine Seife. Das sehr heiße Wasser.

Über diese Grundformel hatten sie den Schaum ihrer Vorbereitungen gebreitet, in der fröhlichen Unordnung, die ein Hotelzimmer erlaubt. Ihr rosenrotes Abendkleid baumelte am Haken des Kleiderbügels an der Schranktür. Peters durchwühlter Koffer stand geöffnet auf der Gepäckablage, und seine Sachen waren auf dem Bett verstreut. Die Kommodenplatte war mit Sachen überhäuft, die zu Hause in den Schubladen verborgen sein würden. Puder und Asche waren reichlich auf den Teppich gerieselt. Alle Lichter strahlten.

Alle Lichter strahlten auch in Bunnys Zimmer, dem angrenzenden Zimmer, das genau wie dieses war, außer daß links rechts und braun blau war.

Peter drehte das Wasser ab, griff nach einem Handtuch und stand in Unterhemd und Frackhose, mit an den Hüften herabhängenden Hosenträgern, in der Badezimmertür. Seine Glanzlederschuhe nach außen drehend, verbeugte er sich. »Meine Damen und Herren...« Er begann eine Pantomime aufzuführen, für Bunny herumzualbern. Ruth dachte liebevoll, wie geschickt er ist! Sie schaute nach hinten, um, was sie furchtbar gerne tat, zuzusehen, wie Bunnys zarte Gesichtshaut sich kräuselte und zuckte, ehe das Kichern kam.

Bunny war neun. Ihre dunklen Brauen hoben sich

6

außen, genau wie Peters. In ihrem blauen Wollkleid kauerte Bunny auf dem Fußende von Ruths Bett, die Arme um die Knöchel, einen flauschigen Pantoffel auf die Spitze des anderen gesetzt. Ihr dunkles Haar ging nach hinten sanft in die dicken Zöpfe über, die so oft warm und lebendig in Ruths Händen lagen. Ruths Herz fühlte sich an, als drücke es etwas rasch und ließe es ebenso rasch wieder los.

Peter rief mit schwungvoller Geste Feuer vom Himmel zum Zeugen seiner wortlosen Leidenschaft herab und verbeugte sich zu eingebildetem Applaus. Bunny nahm ihr Einsatzzeichen auf, ließ ihre Knöchel los, klatschte einmal, verlor das Gleichgewicht und purzelte kichernd vornüber. »Siehst du!« sagte Peter und stupste das blaue Bündel auf dem Bett an einer kitzligen Stelle. »Ich werd sie einfach umhauen!«

»Peter!« sagte Ruth ängstlich und neugierig, »weißt du eigentlich, was du sagen wirst?«

»Na ja, ich weiß, was ich *tun* werde. Ich werde mich erheben, mich mit den Zehen gut am Teppich festhalten und den Mund aufmachen. Na klar, irgendwie weiß ich schon, was ich sagen werde. Ich weiß nur nicht, wie ich es formulieren soll, wenn du das meinst.«

»Oh, Peter!« Sie japste. Sie verstand nicht, wie jemand es fertigbrachte, eine Rede zu halten. Schon beim bloßen Gedanken stockte ihr das Herz.

»Versteh mich nicht falsch«, sagte Peter. »Ich habe schreckliche Angst.« Sie wußte, daß das stimmte. Sie wußte, er würde die Rede trotzdem halten und es gut machen. Sie wußte auch, daß ihre bange Anteilnahme ihm half und sogar ihre Angst ein Kanal war, der ihm etwas von seiner nahm.

»...Uhr ist es, Schatz?«

»Viertel nach sechs.« Ihre Blicke trafen sich kurz. Ihrer mit besorgtem Aufflackern. Seiner rasch und dunkel beruhigend.

Er nahm sein bereits mit Manschettenknöpfen versehenes Frackhemd vom Bett. »Wer von den Damen möchte mich zuknöpfen?«

»Ich!« quiekte Bunny. Also setzte sich Peter auf die harte Kante des Fußteils. »Daddy, warum tut dein Hemd so, als würd's vorne zugeknöpft, wo's doch hinten zugeknöpft wird?«

»Zivilisation. Vorne Tradition. Hinten Geschäft. Wie kommst du zurecht?«

»O.k.«, sagte Bunny mit angestrengtem Schnaufen. Sie zweifelte Peters Vielsilbler niemals an.

Geschäft, dachte Ruth düster. »Peter«, sagte sie, »ich hoffe, du weißt, was ich von deiner Schwester Betty halte!«

»Das ist nicht druckreif«, antwortete er prompt.

»Geschäft«, sagte Ruth so düster, wie ihr zumute war. »Die und ihr geschäftlicher Termin! Am Samstagabend! *Ich* glaube, sie hat ein Rendezvous, und was für eins!«

»Keine Ahnung«, sagte Peter leichthin, vorsichtig.

»Ich verstehe einfach nicht, wie sie uns versetzen kann. Verstehst du das? Ehrlich?«

Wieder hörte Ruth Bettys hohe und leicht affektierte Stimme am Telefon. »...Tut mir schrecklich leid, Liebes. Natürlich, wenn ihr absolut niemanden bekommen könnt, sage ich die Sache ab und komme... Aber ich dachte mir, ihr könntet vielleicht...?«, und einmal mehr versteifte sich Ruth vor Schreck und Wut.

Wichtig! Was für ein geschäftlicher Termin konnte

schon so wichtig sein für Betty Jones – dieses alberne kleine Ding! Gerade sechs Monate hier in New York, mit ihrem Job, der wieviel einbrachte? Fünfzig Dollar die Woche? Was um alles in der Welt konnte Betty Jones an einem Samstagabend schon an wichtigen Geschäften vorhaben? Seit Jahren schon ärgerte sich Ruth, ohne jedoch dagegen ankämpfen zu können, über die Haltung ihrer Schwägerin, die ignoranter- und ungerechterweise unterstellte, daß Ruth erledigt war. Ruth war aufs Abstellgleis geschoben. Ja ja, Ruth war in der großen Masse begraben, und auf allen tristen Steinen stand Hausfrau, dieses triste und klägliche Etikett. Es hatte keinen Zweck. Man konnte nur abwarten, und eines Tages ...

»Wir versuchen es, Betty«, hatte Ruth sehr kalt gesagt, aufgelegt und Peter ein gequältes Gesicht zugewandt. Und wenn sie nun bitten und betteln mußte? Oder nicht zu dem Ball gehen konnte?

Aber Peter hatte das geregelt. Hokuspokus, hatte er sich in die Flure und Korridore des Hotels aufgemacht und es geregelt. Und Ruth hatte Betty zurückgerufen und kühl gesagt: »Mach dir keine Gedanken ...«

»Wie konnte sie uns nur so sitzenlassen«, murmelte Ruth, »wo sie doch weiß ...«

»Halt still, Daddy.«

»Entschuldige, Schätzchen. Hör mal, Ruthie. Mein Schwesterlein tut sich furchtbar schwer als Karrierefrau. Das weißt du doch. Eines Tages ...« Ihre Blicke trafen sich, und der Schimmer in Peters Augen stellte sie zufrieden. »Außerdem«, fuhr er fort, »glaube ich nicht, daß sie diese Tagung für sehr bedeutend hält. Eine Versammlung maisfressender Chefredakteure vom Lande. Provinziell, wie?«

»Da sieht man's mal wieder!« sagte Ruth entrüstet. »Da sitzt du und versetzt dich in ihre Lage. Versetzt sie sich vielleicht in unsere? Das Festbankett und deine Rede, und alles ist schon vor Wochen vereinbart worden. Und wenn wir nun niemanden bekommen hätten?«

»Sie hat doch gesagt, sie kommt, wenn sie muß. Kein Grund, böse zu sein.« – Ruth biß sich auf die Lippe.

»Ärgere dich nicht, Aschenbrödel«, sagte Peter grinsend. »Du gehst ganz bestimmt auf den Ball.«

Ruth blinzelte, weil er recht hatte... kein Grund, böse zu sein. Sie schleuderte ihre Hausschuhe weg und bückte sich, um nach ihren Abendschuhen zu greifen, wobei sie ihr Haar sanft über ihre bloßen Schultern streichen fühlte. ›Oh, dem golden slippers...‹ pfiff Peter, und Ruth sah Bunnys ernste Augen um seine Schulter lugen. Für das Publikum fiel Ruth in den Rhythmus ein. Sie wölbte die hübschen Füße und setzte sie langsam und feierlich in ihre goldenen Schuhe.

»Wißt ihr, Mädels«, sagte Peter, dessen dunkle Augen schimmerten, »wer eines Tages seine goldenen Schuhe anziehen wird, um auf den Ball zu gehen?«

»Bunny O. Jones«, sagte Ruth sofort.

»Und wer wird in seinen Nachtpantoffeln dasitzen und ihr zusehen?«

»Du und ich«, sagte Ruth. Ihre Blicke trafen sich, lächelten. Wir werden alt werden. Aber das macht nichts.

Bunny sagte mit sachlicher Stimme: »Kommt meine Babysitterin bald?«

Peter zwickte die Zehen in den flauschigen Pantoffeln. »Ziemlich bald. Und dann gehst du in deinem eigenen Zimmer mit zwei Betten schlafen, für jeden Zopf eins. Und was machst du morgens?«

»Telefonieren.«

»Und du sagst?«

»Zimmerservice.«

»Und dann?«

»Hier spricht Miss Bunny O. Jones. Ich möchte bitte mein Frühstück.«

»Auf Zimmer?«

»Zimmer 809.« Bunny errötete und fing noch einmal an. »›Hier spricht Miss Bunny O. Jones auf Zimmer 809. Ich möchte bitte mein Frühstück.‹ Und wenn sie nicht wissen, wovon ich rede, sag ich: ›Mein Daddy, Mr. Peter O. Jones, hat es gestern abend bestellt.‹«

»Und wenn der Mann an die Tür klopft?«

»Schließ ich die Tür auf und lauf schnell in mein Bett zurück.«

»Genau. Der Schlüssel steckt in deiner Tür. Und dann fahren sie den Wagen herein.«

»Daddy, es ist kein richtiger Wagen.«

»Keine Pferde, das geb ich zu. Bloß so ein Wagen zum Schieben. Und darauf ist dann eine ganze Masse silbernes Geschirr, und dein Orangensaft steht im größten Haufen Eisbröckchen, den du je gesehen hast, genug, um ungefähr vier Schneebälle draus zu machen. Und dann ißt du dein Frühstück und nimmst dir so viel Zucker und Sahne, wie du willst, und nach einer Weile stöhnt Daddy und wacht auf.«

»Und morgen ist der Tag«, sagte Ruth, »an dem du in das Zauberrestaurant gehst.«

»Das glaub ich nicht!« sagte Bunny, aber in ihrem Gesicht arbeitete es.

»So, das glaubst du nicht, Miss Bunny O. Jones? Na, du wirst schon sehen!«

Sie hatten alle drei die Mittelinitiale O. Ruths Mädchenname war Olsen, und Peter war von dem Zufall entzückt. Leute mit Namen Jones, behauptete er, müßten sich etwas einfallen lassen. Er nannte sich stets Peter O. Jones. Und Bunny zog den Namen zusammen, so daß in Schullisten mehr als einmal der Apostroph verwendet worden war.

»Ganz ähnlich wie ein Zoo«, erklärte Peter gerade. »Eine ganze Masse kleine Glaskäfige, und in einem ist heiße Fleischpastete, und im anderen ist ein großer, dicker Salat, und du steckst bloß deine Zehner rein, und schon kommt was raus.«

»Aber man braucht Zehner«, sagte Bunny scharfsinnig.

»Das ja«, sagte ihr Vater. »In alten Zeiten hat's ein Zauberstab getan. Heute sind's natürlich Zehner.« Er feixte. Er hatte den Kampf mit seinem Kragen aufgenommen.

»Peter«, sagte Ruth plötzlich, »traust du dem Fahrstuhlführer? Traust du seiner Nichte? Kommt sie?«

»Sicher«, sagte Peter, dessen Brauen sich wölbten. »Warum sollte er es sonst sagen?«

»Ich weiß nicht –« Ruth spürte das Zimmer wanken. Der helle Kasten hatte plötzlich etwas Unwirkliches. Und die Stadt, über der er schwebte, war verwunschen, und all ihre Bewohner waren Geister.

»Hat gesagt, sie würde es gerne machen«, sagte Peter gerade. »Zuerst hab ich mit dieser Farbigen gesprochen, dieser schrecklich sympathischen Frau, die so freundlich war. Aber sie ist – äh – verabredet. Und dieser Eddie hat uns zufällig gehört und sich angeboten. Würde sich gerne was verdienen, hat er gesagt.«

»Man braucht Zehner...?« murmelte Ruth.

»Papas Zauberstab. Stell dir vor, Schatz. Dieser Eddie bedient schon seit vierzehn Jahren denselben Fahrstuhl. Du weißt doch, wer er ist, oder?«

»Ich glaube schon...«

»Wohnt oben in der Bronx. Keine Kinder, hat er mir erzählt. Das erzählt er einem beim geringsten Anlaß. Spricht liebevoll von seiner Frau. Muß eine nette Frau sein. Dieses Mädchen da... sie scheinen sie aus Herzensgüte aufgenommen zu haben, als sein Bruder gestorben ist.« Peter saugte die Wangen ein. »Vierzehn Jahre, auf und ab. Und er bedient den Fahrstuhl immer noch so, als ginge er völlig darin auf, es perfekt zu machen. Ich hab schon welche so blasiert erlebt – die Haare sträuben sich einem. Was er wohl pro Woche verdient?«

Ruth seufzte. Ihr flüchtiges Gefühl, daß alles Märchen war, verflog. Der kleine Mann, der den Fahrstuhl bediente, war natürlich wirklich... ein Mensch, mit einem Leben, einer Frau, einem Verdienst... mit Brüdern und Schwestern wie jedermann, und geschickterweise mit einer Nichte. Es war doch wie zu Hause. Man brauchte jemanden. Man fragte herum. Es war genau wie wenn man die Johnstones fragte, die vielleicht sagten, alle ihre Babysitter seien unabkömmlich, aber sie würden jemanden kennen, der jemanden kannte. Man setzte eine Kette von Erkundigungen in Gang, und nach einer Weile förderte sie zutage, was man brauchte. So waren die Leute, sie sagten es weiter, taten einander Gefallen, und genauso lief es auf der ganzen Welt, ganz genauso.

»Die Nichte kommt von irgendwo im Mittelwesten«, sagte Peter. »Hat Erfahrung, sagt er. Ich denke, ein kleiner Zusatzverdienst bedeutet in einer solchen Lage einiges.«

Ruth dachte mit einemmal, daß es besser war, jemanden

zu bezahlen, jemanden zu engagieren, den Hebel dieser Macht zu besitzen, als die Zeit von so jemandem wie Betty unentgeltlich in Anspruch zu nehmen. Sie lächelte und streckte die Hand aus.

»Junge, Junge«, sagte ihr Mann, »jetzt kommt der Zwölf-Dollar-Duft!«

»Zwölf Dollar und fünfzig Cents, vergiß das nicht!« Ruth zog den winzigen Stöpsel heraus, betupfte sich die Schultern mit dem kostbaren Stoff.

Peter beugte sich vor und schnüffelte heftig. Er sagte ihr ins Ohr: »Würden ein paar symmetrische Zahnabdrücke sich gut machen?« Sie sah sich im Spiegel lachen und Peters dunkles, gespanntes Gesicht vor ihrem blonden Haar.

»...auch riechen«, forderte Bunny.

Also ging Ruth im Wirbel ihres hübschen Unterrocks hinüber, drehte das pummelige kleine Pfötchen um und betupfte dessen Rücken mit dem Parfüm. »Kööstlich!« sagte Bunny, wie ihr Daddy heftig schnüffelnd.

Ruth blickte auf den weißen, sauberen Scheitel in dem dunklen Haar herab. Ganz plötzlich sah sie die beiden aneinandergrenzenden Zimmer, die beiden hellen Kästen am inneren Rand des kringelförmigen achten Stockwerks, über der brodelnden Stadt schweben. Und der aufsteigende Lärm umgab sie wie Qualm... das Hupen, Scheppern, Brüllen und Murmeln, Schall und Rauch... und wieder preßte sich ihr Herz zusammen. Und sie dachte, wir hätten sie nicht zweitausend Meilen entfernt lassen können... aber wir hätten sie nicht mitnehmen sollen... aber wir hätten sie nicht allein lassen können...

Das Hotel Majestic war weder groß noch klein, weder billig noch teuer. Nicht zuletzt war es auch nicht schäbig.

Es war konservativ. Dabei versuchte es, sich mit Maßen schick zu geben. Es ging den Mittelweg. Selbst die Fahrstühle fuhren, obwohl sie reibungslos funktionierten, mit mäßiger Geschwindigkeit.

Eddie Munro hielt auf ein Lichtsignal im achten Stock. Ein junger Mann stieg ein, drehte sich sofort mit dem Gesicht zur Tür. Sie sanken schweigend abwärts.

Aus den Augenwinkeln taxierten sie einander rasch. Eddie sah die zwanglose Anmut eines hochgewachsenen Körpers, die arrogante Haltung des hocherhobenen Kopfes, den Bürstenschnitt, der auch irgendwie arrogant war. Das scharf geschnittene, gutaussehende Gesicht, die lange Nase mit den leicht geblähten Nüstern, die kühlen grauen Augen, lang bewimpert und fast schön in dem hartknochigen, jungen Gesicht, aber sehr kühl und abweisend. Ein Typ. Einer dieser jungen Männer, die mit jenem Elan, jenem Durchsetzungsvermögen aus dem letzten Krieg gekommen waren, als hätten sie menschliche Unsicherheiten abgeschüttelt und strebten und hetzten etwas Künftigem entgegen, dessen sie sich sehr sicher zu sein schienen.

Er hieß Jed Towers. Es war seine letzte Nacht in New York. Er war zum Essen verabredet.

Falls er den kleinen Mann aus dem Winkel seiner kühlen Augen überhaupt wahrnahm, so war es bloß ein kleiner Mann, die schmale Brust in starrer Gespreiztheit gereckt. Mit grauem Gesicht. Mit fahlem Haar, das nie eine Farbe zu verlieren gehabt hatte und lang und glatt über der kahlen Stelle lag. Fahle Augen, die oft blinzelten, als sei sich Eddie Munro niemals einer Sache ganz sicher.

Der Fahrstuhl stoppte weich im Erdgeschoß. Jed legte

seinen Schlüssel auf das Empfangspult, ohne die langen flüssigen Schritte zu unterbrechen, die ihn nach draußen trugen, in die Stadt, in den Abend.

Eddie ließ einen nervösen Blick durch die ruhige Eingangshalle schweifen. Er sagte zu dem nächststehenden Pagen: »Muß mal telefonieren. Paß solange auf, ja?« Er wuselte um eine Wandbiegung, seinen Zehner schon in der Hand.

»Marie?«

»Ja, Eddie?« sagte die gelassene Stimme seiner Frau.

»Issie schon weg?«

»Sie's gegangen, ja klar.«

»Wann?«

»Rechtzeitig«, sagte seine Frau. Alles, was sie sagte, hatte den Unterton: ›Mach dir keine Sorgen, Eddie.‹

»Hat sie die U-Bahn genommen?«

»Natürlich.«

»Hör mal, Marie, ich glaub, ich bleib lieber hier, wenn ich frei hab. Die Leute kommen vielleicht spät. Irgend so 'n großer Schwof, hat der Mann gesagt. O.k.?«

»O.k.«

»Ich glaub, ich bleib lieber und bring sie nach Hause, meinst du nicht?«

»Gute Idee, Eddie.«

»Du findest das ganze doch auch 'ne gute Idee, Marie? Sie kann sich bißchen was verdienen? Du weißt doch? Für 'n Anfang?«

»Klar doch, Eddie.«

»Sie – äh – fand's doch auch gut, oder?«

»Klar doch.«

»Tja ... äh ...« Er wollte nicht von der Leitung lassen, die zu Marie führte und zu ihrer Stimme, die ›Klar‹ sagte.

»Du, Eddie...«

»Ja?«

»Ich glaub, ich geh vielleicht ins Kino. Miz Martin hat gesagt, sie geht mit.« Eddie wand sich in der Zelle, blinzelte rasch. Die Stimme seiner Frau fuhr fort. »Der Film, wo wir gedacht haben, wir nehmen *sie* lieber nicht mit? Du weißt doch?«

»Ja.«

»Da hab ich gedacht, ich geh – wo ich die Möglichkeit hab.«

»Ach so. Na denn. Ja. Klar.«

»Mach dir keine Sorgen, Eddie«, beruhigte ihn Marie. »Ich bin wahrscheinlich lang vor dir und Nell zu Hause.«

»Klar. Klar«, sagte er. Er hörte den winzigen, in den Hörer gehauchten Seufzer seiner Frau. »Nur zu«, sagte er resolut. »Amüsier dich schön.«

»Das klappt schon«, sagte sie zu ihm. (Mach dir keine Sorgen, Eddie.)

Er ging um die Ecke zu seinem Fahrstuhl. Sein Blick glitt forschend zur Drehtür, durch die Tiefe der Eingangshalle. Er warf die Schultern zurück, versuchte, aufrecht zu stehen, zu wirken, als sei er vollkommen sicher.

Auf 807 streifte Ruth das rosenrote, frivole Kleidungsstück vom Bügel und ließ es, ohne daß es ihr glänzendes Haar berührte, geschickt herabgleiten. Peters kräftige Finger zogen den Reißverschluß am Rücken zu. Sie machte ihren Knicks vor dem Publikum.

»Eine richtige Prinzessin«, sagte Peter bedächtig, »meinst du nicht auch?«

»Genau«, sagte das Publikum feierlich.

Ruth gab dem Publikum einen Kuß auf den Nacken.

»Und jetzt aufgepaßt!« rief sie. O ja, sie alberten für das Publikum, und wenn das Publikum seinen Spaß hatte, so hatten sie ihn auch!

»A-*ha*!« Peter machte mit beiden Händen abwehrende, Platz gebietende Bewegungen. Er hob sein lächerliches Kleidungsstück auf. Ruth hüpfte herbei, um ihm hineinzuhelfen. Peter wand sich hinein und tätschelte die flatternden Aufschläge.

»Du hast gesagt, es wär ein *Frack*!« sagte das Publikum mit erhobener, putzig geringschätziger Stimme.

»Ist das vielleicht keiner?« sagte Peter. Er steckte beide Hände hinten unter den Frack und marschierte plötzlich mit eingeknickten Knien wie Groucho Marx auf und ab, und seine Frackschöße flatterten.

Das Publikum war hingerissen. Es wälzte sich als hilflos kicherndes Bündel herum. Bunny, dachte Ruth, war nicht direkt ein hübsches kleines Mädchen, aber wie schön sie war, wenn sie lachte! Wie unwiderstehlich!

Und sie selbst japste: »Hör auf, Peter, o bitte!«

»O. Jones.«

»O bitte, hör auf! Sonst zerläuft mir noch die Wimperntusche. O mein Gott!«

Die ganze lange, launige, langsame, pseudo-feierliche Zermonie des Ankleidens für *den Abend* steigerte sich zu immer größerer Ausgelassenheit.

Jemand klopfte leise an die Tür.

Etwas preßte rasch Ruths Herz zusammen und ließ es ebenso rasch wieder los, so daß es erbebte.

2. Kapitel

»Mr. Jones, da sind wir, Sir.« Eddies blinzelnde Augen, sein gereckter Hals waren wie die einer Maus am Loch.

»Ach ja, Eddie. Pünktlich auf die Minute. 'n Abend. Kommen Sie herein.«

»Das hier ist meine Nichte, Nell Munro. Nell?« Auch Eddie kam herein.

»'n Abend, Nell.« Peters Frack war eine Zierde für den Redner des Abends. Ruth ging ihrerseits auf die beiden zu, ganz anmutige, junge Gattin. Alle Heiterkeit hatte das Zimmer verlassen.

»Guten Abend, Nell«, sagte sie. »Es ist nett von Ihnen, so kurzfristig zu kommen. Hatten Sie es sehr weit?«

»Dauert nich' lang mit der U-Bahn«, sagte Eddie. Sein Adamsapfel hüpfte. Er stand da, die mageren Schultern weit zurückgeworfen. »Dauert wirklich überhaupt nich' lang. Sie is' direktemang hergekommen.« Darauf schien er stolz zu sein.

Das Mädchen, Nell, sagte nichts. Sie sah aus wie neunzehn oder zwanzig. Sie stand befangen da, die Knöchel dicht beieinander. Ihre Schuhe waren abgetragene, schwarze Pumps mit mittelhohen Absätzen. Ihr Kopf war geneigt, ihre Wimpern gesenkt. Ihr Haar war von der Farbe eines Löwenfells, kurz geschnitten, leicht gekräuselt. Sie trug keinen Hut und einen marineblauen Mantel von konservativem Schnitt, der ihr ein bißchen zu groß war. Ihre Hände waren um eine schwarze Handtasche verschränkt, und Ruth sah zu ihrer Freude, daß ihre Nägel unlackiert waren. Dann schalt sie sich für diesen eigenartigen Rückschluß von Nagellack auf den Charakter, denn schließlich waren ihre eigenen Nägel glänzend rosenrot, im Ton ihres Abendkleides. Trotzdem...

»Möchten Sie nicht Ihren Mantel ablegen, Nell?«

Eddie sagte: »Zieh deinen Mantel aus, Nell. Nur zu.« Das Mädchen trug ein adrettes Kleid aus dunkler Seide. Sie behielt den Mantel über dem Arm, als wüßte sie nicht, was sie damit anfangen sollte.

»Legen Sie ihn einfach hierhin, ja?« säuselte Ruth. »Vielleicht auch Ihre Handtasche? Sie haben doch schon auf Kinder aufgepaßt, Nell?«

»Hat sie, daheim in Indiana«, sagte Eddie. »Hat sie oft. Hier noch nicht soviel. Sie ist erst vor ungefähr sechs Monaten in den Osten gekommen.«

»Ach ja?«

»Sie wohnt jetzt bei mir und meiner Frau. Die Tochter von meinem Bruder...«

»Und gefällt es Ihnen hier, Nell?«

»Es gefällt ihr prima«, sagte Eddie. »Wir haben Platz in der Wohnung, massenhaft Platz für sie. Meine Frau freut sich richtig, daß sie da ist.«

Ist das Mädchen stumm? fragte sich Ruth. Eddies Dazwischenplappern war nervös, als überspiele es etwas Schwerfälliges und Halsstarriges bei dem Mädchen, das nicht zugänglich war. Wie einer plappern müßte, um der Zeit über dieses Hemmnis in ihrem Fluß hinwegzuhelfen.

Eddie sagte: »Was ich sagen wollte, ich bin hier im Hotel. Ich meine, ich bin in der Nähe, verstehen Sie. Wenn's bei Ihnen also spät wird, brauchen Sie sich keine Sorgen zu machen.«

»Es wird vielleicht gar nicht so spät«, sagte Peter sanft.

Der Effekt war der gleiche, als hätte er gesagt: Wovon reden Sie eigentlich? Er hatte ein Handtuch in der Hand und fuhr damit unbekümmert über die glänzenden Spitzen seiner Abendschuhe.

»Ich mein bloß«, sagte Eddie blinzelnd, »ich kann Nell nach Hause bringen, verstehen Sie?«

Peter blickte auf und sagte gedehnt: »Das ist nett von Ihnen.« Ruth hörte seine freudige Überraschung heraus. Den Babysitter nach Hause zu bringen, ist eine der lästigsten Pflichten, die dem verheirateten Mann zufällt.

»Aber ich hätte sie natürlich auch nach Hause begleitet«, sagte Peter rechtschaffen.

Ruth drehte sich gerade um. Ihr war, als bewegten sich die Pupillen unter den gesenkten Wimpern in dem geneigten Gesicht. Sich munter gegen die allgemeine Steifheit anstemmend, sagte sie: »Bunny, Liebes. Nell, das ist Bunny, und Bunny, das ist Nell.«

»Hallo«, sagte Bunny.

»Hallo«, sagte das Mädchen. Ihre Stimme war leise und farblos, aber sie funktionierte zumindest. Sie sprach.

»Meine Frau, verstehen Sie«, sagte Eddie, »ist auf die Idee gekommen, ins Kino zu gehen, also kann ich genausogut hier warten.« Das Schlucken verursachte eine heftige Bewegung an seinem mageren Hals. »Wir ha'm gedacht, es ist vielleicht 'ne richtig gute Idee für Nell. 'ne Menge Gäste ha'm ihre Kinder mit. Und wo ich gleich in der Nähe bin, na, da kann doch nichts schiefgehen.«

Er machte keine Anstalten, zu seinem Fahrstuhl zurückzugehen. Ein ängstlich besorgter, kleiner Mann, die Sorte, die sich in einem fort rechtfertigt, obwohl sich keiner darum schert. Schrecklich bemüht, das Richtige zu tun. Die gewissenhafte Sorte.

»Wie wär's, wenn wir Nell dein Zimmer zeigen, Bun?«
Ruth ging voran. »Sehen Sie, diese Tür kann man angelehnt lassen, weil Bunny es ausgesprochen gern hat, im Dunkeln schlafen zu gehen. Ich habe mir gedacht, *Sie* könnten hier drinnen sitzen, Nell, in unserem Zimmer, da können Sie es sich bequemer machen.«

Bunny war nach 809 vorausmarschiert. Jetzt warf sie besitzergreifend ein Bein über den Rand eines der Betten, auf dem schon ihr Plüschhund von zu Hause untergebracht war.

»Vielleicht sollte sie jetzt ziemlich bald ins Bett gehen«, sagte Ruth freundlich. »Sie hat einen ziemlich aufregenden Tag gehabt, und für morgen haben wir alles mögliche vor. Vielleicht würden Sie ihr eine Geschichte vorlesen? Wenn es Ihnen nichts ausmacht?«

»Nein, Ma'am«, sagte Nell teilnahmslos.

»Das wäre doch schön, oder Bun?« Es war tatsächlich wie ein Anstemmen, ein Anstemmen gegen etwas Schweres. Ruth sagte mit strahlendem Lächeln: »Wie wäre es, wenn du mal schaust, ob Nell ein Bonbon möchte.«

Bunny holte die Schachtel, bot, wie Ruth es ihr beigebracht hatte, mit einer anmutigen, leichten Verbeugung ihres kleinen Körpers daraus an. Nell sagte: »Vielen Dank.« Und grapschte zu. Ruth wurde leichter ums Herz. Das war wirklich lieb von ihr. Das sprach für ein gewisses Verständnis. Keinem Erwachsenen konnte soviel an Süßigkeiten liegen. Diese gierige Fixheit mußte dem Kind zuliebe übertrieben gewesen sein.

»Nichts zu danken.« Bunny griff selbst artig zu.

Ruth war etwas beruhigter. »Bunny ist so ein großes Mädchen«, fuhr sie fort, »daß eigentlich gar nichts zu tun ist.« Sie wurde gewahr, daß Eddies Stimme und Peters einsilbige Antworten hinter ihr weitertönten. »Bunnys Badezimmer ist natürlich da drüben.« Ruth ging umher, um die Lichter zu dämpfen, wobei sie die Lampe zwischen den Betten anließ. »Und diese Tür« – sie deutete auf den Ausgang von 809 auf den Flur – »ist natürlich abgeschlossen. Also, Bunny darf noch ein Bonbon haben, dann soll sie sich die Zähne putzen und ihre Geschichte vorgelesen bekommen, und bis dahin wird sie wohl ziemlich müde sein.« Sie strich dem mampfenden kleinen Mädchen über die Wange. Sie blickte durch die Verbindungstür nach hinten.

Eddies hohe Stimme sagte vernehmlich: »Tja – äh – wahrscheinlich schau ich von Zeit zu Zeit bei Nell rein, wenn's Ihnen recht ist.«

»Sicher.« Peter nahm seine Brieftasche an sich. Ruth sah seinem Rücken an, daß er sowohl gereizt als auch resigniert war. »Tja – äh – vielen Dank.«

»Nicht doch, Sir.« Eddie wich vor der Dollarnote zurück. »Nicht doch, das tu ich doch gern, Sir. Das ist so gut für Nell. Sie zahlen ihr einfach, was sie verdient. Fünfzig Cents die Stunde. Und das kommt wunderbar hin. So war's ausgemacht. Nell freut sich mächtig, daß sie sich 'n bißchen was verdienen kann. Das läßt sich wirklich prima an für sie. Na denn – äh –« Er schaute ziemlich herausfordernd an Peter vorbei. »Dann gehen Sie mal schön und amüsieren Sie sich gut.«

Ruth nahm an, daß er mit ihr sprach. »Vielen Dank, Mr. Munro. Gute Nacht.«

»Gute Nacht. Äh – gute Nacht. Dann amüsieren Sie sich mal schön, Mr. und Mrs. Jones.« Seine Hand verharrte in einer Art mahnender Geste. Sie fiel herab. Endlich war er verschwunden.

»O.k., Ruth?« sagte Peter mit einem Anflug von Ungeduld.

»Gleich. Nell?« Angesprochen, regte sich das Mädchen. Ruth hörte Bunny beim Zähneputzen ein großes Gepruste veranstalten. »Peter, macht es dir etwas aus, die Nummer nachzuschlagen, von da, wo wir hingehen? Wo wir erreichbar sind? Wir legen sie einfach neben das Telefon hier, Nell, und falls irgend etwas ist, können Sie uns einfach anrufen. Sie müssen daran denken, Peter O. Jones zu verlangen. Vergessen Sie das O nicht. Sonst dauert es so lange, die Jones' auszusieben.« Sie lachte.

Nell sagte todernst: »Ja, Ma'am.«

Ruth begann die Lichter in 807 auszumachen und ließ nur die Stehlampe neben dem großen, kastanienbraunen Sessel und die kleine Lampe zwischen den Betten an. »Reicht das, Nell?« Das Mädchen nickte. »Und wenn Sie etwas zu lesen möchten, da sind lauter Zeitschriften. Und nehmen Sie sich ruhig von den Bonbons. Und wenn Sie müde werden, dürfen Sie sich hier drinnen hinlegen. Das macht ganz bestimmt nichts. Und« – sie senkte diskret die Stimme – »Sie benutzen vielleicht besser dieses Badezimmer. Tja, habe ich noch etwas vergessen?«

Da stand sie in all ihrem Putz, die Stirn ganz leicht gefurcht, und fühlte sich unzufrieden. Das Mädchen hatte so wenig gesagt. Aber was sollte sie auch sagen? Irgendwas, dachte Ruth ungehalten, eine kleine, unaufgeforderte Bemerkung... *irgend etwas,* um zu zeigen, daß sie die Sache in die Hand nahm! »Fällt *Ihnen* noch irgend etwas ein?« drängte sie.

Der Kopf des Mädchens war nicht mehr so gebeugt. Um die Augenpartie war ihr Gesicht breit, mit hohen Jochbeinen, und die Augen waren groß und eine Spur schräg. Ihr Kinn war klein und spitz, und ihr Mund war winzig. Das Gesicht war nicht geschminkt, und die Haut hatte einen cremig-gelben oder pfirsichfarbenen Ton.

Sie sah nicht schlecht aus, dachte Ruth überrascht. Sie hätte sogar auf eigenartige, provozierende Weise umwerfend sein können. Selbst ihre Figur unter dem schlecht sitzenden Kleid war gut, nun da sie aufrechter und nicht so unterwürfig gekrümmt dastand. Die Augen waren blau. Es war zu viel Blau darin, als wäre das Sehzentrum zu klein, der Farbring breiter, als er sein müßte. Das lohfarbene Haar fiel ihr wirr über die Ohren, aber Ruth bemerkte, daß sie winzig waren und eng am Kopf anlagen.

»Ich glaub, Sie haben an alles gedacht«, sagte Nell. Der winzige Mund schien sich zu einem widerwilligen, einem unlustigen Lächeln herbeizulassen. Ihre Zähne waren schön.

Ruth beobachtete sie. Nur einen Augenblick lang fragte sie sich, ob in diesem vollkommen ausdruckslosen Satz eine gewisse Bosheit gelauert hatte, ein Anflug von Stichelei, ein Hauch von Sarkasmus.

»Beeil dich mal lieber.« Peter bewegte sich voller Energie. »Da ist die Nummer, Nell, auf dem Zettel. Bitten Sie sie, uns ausrufen zu lassen. Sie werden's wohl kaum brauchen. *Wir* rufen vielleicht an, wenn also das Telefon klingelt...« Er tippte auf den Zettel auf dem Telefontischchen. Er ging flotten Schritts zum Kleiderschrank. Für Ruth schien die ganze Welt dort weiterzumachen, wo sie aufgehört hatte.

Bunny schmiegte sich an den Pfosten der Verbindungstür, Zahnpastareste auf den Lippen. »Hüpf ins Bett, Kleines«, sagte Ruth. »Dann liest dir Nell noch ein bißchen vor.«

Aus dem Halbdunkel heraus sah sie zu, wie sie gehorchten... wie Bunny sich aus ihrem Kleid schälte, ins Bett kletterte und die Decke hochzog, die Zöpfe zurückschleuderte... sah zu, wie das Mädchen nähertrat und sich zaghaft, ziemlich unsicher, auf die Bettkante setzte, wo das Licht ihr Haar mit einem Glorienschein umgab.

Plötzlich nahm Bunny die Sache in die Hand. »Lies mir das von Jenny und den Zwillingen vor.« Sie warf dem Mädchen ihr Buch zu.

»O.k.«, sagte Nell unterwürfig.

Ruth wandte sich ab. Sie eilte geschäftig hin und her, steckte Sachen in ihre Abendtasche, ihre Armbanduhr, ihre Puderdose, Taschentuch, Haarnadeln, Lippenstift. Ihr Herz schlug ein wenig schnell.

Peter stand schweigend da, im Mantel, ihre Samtstola über dem Arm. Sie ging zu ihm hinüber, und er hielt sie ihr hin. Sie blickte auf zu ihm, fragte wortlos, geht es so? Wortlos antwortete er, klar. Was kann schon passieren? Die Stola lag weich und kühl auf ihren nackten Armen.

»Eddie hat ein Auge drauf«, sagte ihr Peter ins Ohr. Und sie sah sofort ein, daß das stimmte. Eddie war zuverlässig. Eddie arbeitete seit vierzehn Jahren hier. Er konnte es nicht riskieren, seinen Ruf zu verlieren. Nein. Und Eddie war übertrieben gewissenhaft. Er würde peinlich genau achtgeben. Eigentlich hatten sie Eddie engagiert. Er würde in seiner Pingeligkeit ein Auge darauf haben.

»Wird ein Weilchen dauern, durch die Stadt zu kommen«, sagte Peter laut. Zusammen gingen sie ins andere Zimmer. Das Mädchen las vor. Ihre Stimme war leise und monoton. Ein Wort folgte dem anderen ohne Betonung. Sie las wie ein Kind.

»Habt ihr's gemütlich?« sagte Ruth leichthin. »Nacht, Bunny.« Ihr leichter Kuß streifte die warme, kleine Braue.

Peter sagte: »Vergiß das mit deinem Frühstück nicht. Bis dann, Schnuckelchen.«

»Bis dann, Daddy. Halt eine schöne Rede.«

Wie lieb sie ist, dachte ihre Mutter. Wie lieb!

»Mal sehen, was ich da machen kann, Schätzchen«, sagte Peter zärtlich, ebenso gerührt wie sie.

Das Mädchen saß auf der Bettkante, den Finger auf der Lesestelle in dem Märchenbuch. Sie sah zu, wie sie gingen. Als sie Zimmer 807 durchquerten, hörte Ruth ihre Stimme schleppend wieder anheben.

Nur ein Teil von Ruth ging durch die Tür auf den Korridor. Etwas von ihr blieb und erlebte den öden, trüben, stillen Ort, den sie verlassen hatte. Nach all den Lichtern, der Liebe und dem Gelächter, wie war es da für Bunny? War der ganze Spaß nicht zu abrupt verflogen? Ein Teil von Ruth lag, der Zeit voraus, im fremden Dunkel. Hörte die fremde Stadt unten grummeln. Wußte, daß nur die gekaufte Unterwürfigkeit einer Fremden da war, falls in der Nacht etwas schreien sollte...

Peter legte ihr den Finger auf die samtene Schulter. Ein Fahrstuhl kam. (Nicht Eddies, und Ruth war froh darum. Sie wollte nicht schon wieder hören: »Amüsieren Sie sich schön. Amüsieren Sie sich.«)

Ihre Gedanken machten sie beben. Sie wußte, was Peter wollte. Sie riß sich energisch zusammen. (Bunny war neun. Bunny würde schlafen.) Sie holte den säumigen Teil ihrer Person zu sich heran, bis sie ganz da war, von Kopf bis Fuß feingemacht bei den Fahrstühlen stand. Sie blickte zu Peter auf und zeigte ihm, daß sie ganz sie selbst war.

Es war *der Abend.* Endlich war es soweit!

3. Kapitel

Jed Towers holte das Mädchen, mit dem er verabredet war, in der Wohnung ihrer Familie in der East 36th Street ab. Sie hieß Lyn Lesley und war mehr als nur eine Verabredung. Sie hatte auf Jeds Liste einen gewissen Vorrang erreicht. Genaugenommen stand sie ganz oben an der Spitze. Lyn war schlank, dunkel, mit einer niedlichen Nase und einer Art, einen aus den Augenwinkeln anzuschauen, die weder verschlagen noch kokett, sondern schlicht fröhlich war.

Er kannte sie seit etwas über einem Jahr, sah sie aber erst seit zwei Wochen, während eines Urlaubs zwischen zwei Jobs, so häufig. Das hatte sich ganz zwanglos ergeben. So etwas wie ein ausgelassenes Hineinschlittern. Ganz glatt und leicht, von »Bis morgen, Fragezeichen« zu »Bis morgen, Punkt« zu »Was machen wir morgen?« zu schlittern. Sie hatten Spaß zusammen. Warum nicht? Aber am nächsten Morgen fuhr Jed in den Westen, und zwar ganz hinüber an die Küste, wo er in dem neuen Job ein Weilchen festgenagelt sein würde. Dieser Abend, ihr letzter, war, ohne jedes Zutun von Jed, immer mehr zu einem Abend geworden, der entscheidend zu sein schien.

Vielleicht war es nicht ihr letzter gemeinsamer Abend – sondern ihr letzter getrennter Abend. Er wußte es nicht. Er wich der Frage nicht aus. Er wußte es einfach nicht.

Sie waren nicht in Abendkleidung. Lyn trug einen flauschigen blauen Mantel mit großen Taschen und großen Knöpfen und eine kleine blaue Kappe auf dem Hinterkopf. Sie beschlossen, zu Fuß zu gehen. Sie wußten ohnehin nicht, wo sie hinwollten. Die Stimmung war zaghaft und fröhlich... hatte noch nichts von Abschiednehmen an sich. Lyn hüpfte und sprang, bis Jed seinen Schritt verlangsamte. Sie ließen sich auf das satteste Glühen am Himmel zutreiben. Vielleicht würden sie ins Kino gehen, vielleicht auch nicht. Kam ganz drauf an.

In der 39th Street, dem Block westlich der 5th Avenue, sprach ein Bettler sie an, der dem Mädchen zuwinselte: »Helfen Sie einem alten Mann, gnä' Frau.«

»Oh... Jed?« Sie blieb stehen, von Mitleid bewegt, das Gesicht vertrauensvoll nach oben gewandt.

Jeds Finger kniffen ihren Arm »Verzeihung...« Er zerrte sie weiter. »Bloß 'ne Masche«, sagte er ihr ins Ohr. Das Murren des Mannes verklang in ihrem Kielwasser, hörbar in der dämmrigen Stille, denn der Stadtlärm war, wie Nebel, in der Ferne dichter, nie sehr dicht um einen herum. Sie schlurfte regelrecht.

»Woher weißt du das?« sagte sie.

»Woher weiß ich was?« Er war überrascht. »Ach du meine Güte, Lyn, werd erwachsen! Die alte Wanze hat wahrscheinlich mehr auf der Bank, als wir je zu Gesicht kriegen.«

»Das kannst du nicht wissen«, sagte sie eigensinnig.

Verblüfft blieb er stehen. Vage ging ihm auf, daß seine schroffe Entschiedenheit von eben vielleicht etwas von ihrer Stimmung zunichte gemacht hatte, eine Art Verzauberung vielleicht. Er hatte keine Nachsicht damit. Er sagte: »Jetzt hör mal zu. Natürlich kann ich das nicht wissen, aber aller Wahrscheinlichkeit nach habe ich recht. Das weißt du. Und ich lasse mich nicht gern für dumm verkaufen, Lyn. Und jetzt lassen wir's gut sein, ja?«

Sie ging nur wenig bereitwilliger neben ihm her. Er sagte neckend: »Aber du wärst darauf hereingefallen, wie? Dummchen!«

»Auf die Möglichkeit hin, daß er wirklich Hilfe braucht«, sagte sie mit leiser Stimme, »hätte ich einen Vierteldollar riskiert.«

»Nun hör schon auf«, lachte Jed sie an. »Sentimentales Seelchen!« Er führte sie in ein Restaurant. »In Ordnung hier?« Jed war schon hier gewesen. Das Essen war gut. Er überließ nichts dem Zufall. Es tat ihm leid, daß die Stimmung zunichte war. Es entsprach seinem Instinkt, die Umgebung zu wechseln und sich den Unterschied und das Essen und Trinken zunutze zu machen, um wiederherzustellen, was immer zwischen ihnen bestanden hatte.

Sie setzten sich an ihren Tisch. Jed bestellte etwas zu essen. Lyn biß sich auf die Unterlippe, hielt den Blick nach unten gerichtet. Als ihre Cocktails kamen und er ihr zuprostete, lächelte sie. Sie sagte: »Ich bin nicht sentimental, Jed. Das ist es nicht.«

»Nein?« Er wünschte, sie würde es gut sein lassen. Er selbst war fertig mit diesem banalen Zwischenfall. »Trink etwas, Schatz.« Er lächelte sie an. Wenn sich die kühle Schönheit seines Gesichts in seinem Lächeln zu liebevoller Aufmerksamkeit wandelte, ging das dem Betrachter zu Herzen. Jed wußte das nicht, nicht in dieser Form. Aber er wußte natürlich, daß das, was er anbot, statistisch gesehen nicht oft zurückgewiesen wurde.

Aber Lyn sagte matt: »Du hast eine Art, den Leuten furchtbar schnell zu mißtrauen.« Ihre Stimme war sanft, aber ihm war, als lägen Sturmzeichen in ihrem Blick, und in seinem regte sich Ärger.

Er sagte ruhig, sanft: »Ich hätte dich nicht für so kindisch gehalten, Lyn. Wirklich nicht.«

»Ich sehe nicht ein«, sagte sie, sorgfältig die Verachtung aus ihrer Stimme heraushaltend, »was das geschadet hätte. Ein Vierteldollar. Oder bloß zehn Cents.«

»Spare in der Zeit«, spottete er. »Du meine Güte, Lyn, wir wollen nicht darüber streiten.«

»Nein.« Sie schob ihr Glas auf dem Tischtuch hin und her und lächelte. »Aber du erwartest immer das Schlimmste von den Leuten, stimmt's, Jed? Das... hab ich gemerkt.«

»Na sicher«, sagte er grinsend. »Und man tut auch verdammt gut daran, so wie ich es sehe.« Er äußerte seine Überzeugung mit sorgloser Heiterkeit.

Sie nahm einen tiefen Schluck von ihrem Drink, setzte das Glas ab und blickte durch das Lokal. »Ich glaube, mir liegt nichts an billigem Zynismus«, sagte sie.

»Billig«, platzte er heraus. Frauen waren unmöglich! Wie konnte man dergleichen einfach so vom Stapel lassen! Ihm ging auf, daß er sie irgendwie verletzt haben mußte. Aber er wußte auch, daß er das nicht beabsichtigt hatte. »Du meine Güte!« sagte er, »das ist so ungefähr das teuerste Stück Bildung, das ich mir je angeeignet habe. Ich würde dir nur ungern erzählen, was ich dafür bezahlen mußte.« Er war immer noch ehrlich verblüfft.

»Du glaubst nicht...« begann sie, und ihre Lippen zitterten.

»Glauben!« höhnte er. »Hör mal – ach, du Baby! Was ich glaube oder was du glaubst, ändert nicht viel daran, wie die Verhältnisse sind. Lyn, Schatz, früher oder später bekommst du das auch mit. Es ändert bloß etwas daran, ob du dich wohlfühlst oder nicht. Tja, es ist nun mal so, daß ich mir nicht gerne was vormachen lasse, und ich bin so weit gekommen, daß es mir nicht einmal Spaß macht, mir selber etwas vorzumachen.« Sie zuckte mit den Wimpern. »Das hier«, sagte er nüchtern, »ist eine ziemlich widerliche, miese Welt.«

»Ach ja?« sagte Lyn.

Er ärgerte sich. »Wenn du das noch nicht gemerkt hast, bist du beschränkt«, sagte er knapp.

»Und was kann man da machen?«

»Sich um seinen eigenen Kram kümmern. Auf sich selber aufpassen, weil man verdammt sicher sein kann, daß kein anderer das tut. Lyn, um Himmels willen, hör auf damit, ja? Jeder, der glaubt, *er* könnte die Welt retten, ist noch nicht trocken hinter den Ohren. Soviel solltest du in deinem Alter wissen.«

»Wenn jeder so denken würde...« begann sie mit unglücklicher Miene.

»Du magst den Pfadfinder-Typ?« forderte er sie heraus. »Die sonnigen Gemüter?«

»Nein.«

»Die Traumtänzer? Die mit dem verklärten Blick?«

»Hör auf!«

»O.k.«, sagte er. »Dann werd ich dir nicht nach dem Mund reden und Backe-backe-Kuchen mit dir spielen.« Er hielt seinen Ärger zurück. Er bot ihr erneut sein Lächeln und sich selbst.

»Das will ich auch nicht«, sagte sie. »Mich interessiert, was du so denkst.« Ihre Stimme war wieder leise.

»Aber du hältst nicht viel von meiner Art zu denken?« sagte er, herausfordernder, als er vorgehabt hatte. »Ist es das?«

Sie drehte unschlüssig die Hand.

»Tja...«, sagte er achselzuckend. »Tut mir leid, Schatz, aber eins, was in dieser miesen Welt zum Himmel stinkt, sind die Lippenbekenntnisse zu Freundlichkeit und Güte. Alle sind dafür. Aber weiß ihre linke Hand, was ihr Mund sagt?« Zumindest bin ich ehrlich, sagte sein Blick. Ich sag es dir. »Hör mal, ich habe keine Untersuchung meiner Lebensphilosophie erwartet. Ich habe gedacht, das wäre eine Verabredung... zum Vergnügen, verstehst du?«

Ihre Lippen teilten sich. Er las in ihrer Miene, daß sie beide wußten, es war nicht bloß eine Verabredung... zum Vergnügen. Aber sie sagte nichts.

»Gehen wir ins Kino?« fragte er leichthin. Wenn sie ins Kino gingen, würde das ihre Fähigkeit, zusammen zu sein, irgendwie negieren. Das spürte er plötzlich.

Sie sagte: »In so einer widerlichen, miesen Welt, was erwartest du da?«

»Na ja, zum Beispiel die Liebe einer guten Frau«, antwortete er leichthin, weil er diese Art von Frage wirklich nicht mehr ernsthaft diskutieren wollte. Und dann tat es ihm leid. Er sah ihre Lippen weiß werden. Er hatte sie schon wieder verletzt, wo er doch bloß leichthin das Thema wechseln wollte. »Ach, Lyn, bitte... was kläffen wir uns eigentlich an? Wie hat das überhaupt angefangen?«

»Kaffee?« fragte der Kellner.

»Kaffee, Schatz?« Jed legte seine Hand auf ihre.

»Bitte«, sagte sie, ohne zu lächeln. Aber ihm schien, ihre Hand lag auf seiner, und er dachte, wenn er sie küssen könnte, heftig, genau jetzt, dann wäre das eine feine Sache.

Bunny hörte sich die Geschichte höflich an. Wenn Mami vorlas, war die Geschichte irgendwie interessanter. Wenn Daddy ihr vorlas, war sie auch interessant, obwohl Daddy nie mit einer Geschichte fertig wurde. Er kam immer ins Erklären, und die Erklärung ergab dann *wieder* eine Geschichte. Sie saß still an ihr Kissen gelehnt, ihren Plüschhund unter dem Arm, bis die Stimme verstummte. Da sah Nell sie an. »Ich schlaf jetzt lieber«, sagte Bunny, »glaub ich.«

»O.k.« Die Matratze bewegte sich, die Sprungfeder veränderte ihre Form, als Nell aufstand.

»Ich kann mein Licht selber ausmachen«, sagte Bunny freundlich.

»O.k. dann«, sagte Nell. Sie legte das Buch auf das andere Bett. Sie ging weg. Sie nahm die Bonbonschachtel mit, blickte einmal über die Schulter und ging durch die Tür.

Bunny knipste das Licht aus, sah zu, wie das Schattenmuster sich bildete. Sie fragte sich, ob das Fenster offen war. Nell hatte nicht nachgesehen. Das Zimmer kam ihr stickig und staubig heiß vor. Bunny war sich nicht ganz sicher, ob sie wußte, wie man die Jalousie bediente. Sie lag recht lange still, aber sie fand es nicht richtig zu schlafen, wenn man nicht wußte, ob das Fenster offen war. Sie streckte leise die Füße hinaus und spürte die Fasern des Teppichs. Sie fummelte mit den dünnen Schnüren, und nach einer Weile rasselte es leise, und die Lamellen verstellten sich. Jetzt konnte sie sehen. Das Fenster *war* offen. Dann war es gut. Bunny kroch wieder unter die Decken. Die Luft roch trotzdem staubig, und das Kissen roch auch nicht wie ihr Kissen zu Hause. Bunny schob die Nase hinein und lag still.

Nell machte die Verbindungstür so weit zu, daß sie fast geschlossen war. Dann stand sie absolut still, den Kopf geneigt, als lausche sie. Zimmer 809 hinter ihr war ruhig. Zimmer 807 war ein Tümpel von Stille. Ihre Augen schweiften. Die große Lampe beschien die Stelle an den Fenstern, wo der große Sessel stand. Die kleine Lampe erfaßte das obere Ende der Einzelbetten. Ansonsten herrschte Dämmer.

Nell legte die Bonbonschachtel auf ein Bett, ging mit leisen, gleitenden Schritten zu den Fenstern hinüber und zog die Jalousie hoch. Der Hof war zu schmal, als daß man sehr weit nach oben oder unten hätte sehen können. Gegenüber war nur ein erleuchtetes Fenster. Dort war die Jalousie zu einem Drittel hochgezogen, und sie konnte den Oberkörper einer Frau sehen, die am Schreibtisch saß. Ein schwarzweißer Gürtel markierte eine dicke Taille auf einem schwarzen Kleid. Sonst war nichts zu sehen. Nicht viele verbrachten ihre Abende auf ihrem Zimmer im Hotel Majestic.

Nell drehte sich um die eigene Achse, glitt mit dem gleichen Schritt in die Mitte von Zimmer 807 und stand still. Sie stand nicht lange still. Obwohl ihre Füße auf der gleichen Blume des Teppichmusters blieben, begannen sie zu tanzen. Die Fersen hoben und senkten sich nur um Bruchteile eines Zentimeters, wenn sie das Gewicht verlagerte. Sie wiegte sanft die Hüften, die Schultern und die Unterarme. Ihre Finger waren der aktivste Körperteil bei diesem Tanz. Sie machten ihre eigenen, lautlosen Schnipser und raschen, ruhelosen Windungen. Ihr Kinn war erhoben, und ihr Kopf, der mit den winzigen Bewegungen ihres Körpers schwankte, wob eine Girlande in die stille Luft.

Derweil flitzten Nells weit geöffnete Augen beim Tanzen umher. Sehr rege und wach waren sie. Ihr ganzes Gesicht war lebhaft, eher pfiffig als scheu, nicht im mindesten befangen.

Gleich darauf tanzten ihre Füße graziös, mit winzigkleinen Schritten, von der einen Blume weg. Nell fiel über Peters Koffer her. Ihre Hand durchschaufelte respektlos, gar nicht zaghaft, seinen Inhalt. Taschentücher und Krawatten flogen wie Sand von einer Strandburg. Flach auf dem Boden lagen ein paar Briefe und ein Papphefter. Das Mädchen riß sie heraus, schlug ungeschickt den Hefter auf, und alles Papier glitt in schlappem Bogen heraus. Den leeren Hefter in der Hand stand sie da und sah auf die im Koffer verstreuten Papiere herab. Dann rupfte sie die Briefe von der Büroklammer, die sie am Hefter festhielt. Sie interessierten sie nicht lange. Sie ließ alle Papiere aus den Händen fallen, als wären sie bloß Papier ohne jede andere Bedeutung. Sie stupste den Kofferdeckel mit einem Finger an, und er fiel zu.

Sie machte drei lange Schritte und drehte sich um die eigene Achse, wie eine Tänzerin ein Bein ausstreckend, das sie langsam herumzog. Sie setzte sich so, als lande sie rein zufällig dort, auf die Bank vor der Frisierkommode. Ruth hatte die beiden kleinen Lampen ausgeschaltet. Es schien Nell nicht in den Sinn zu kommen, sie anzuknipsen. Sie wühlte in Ruths Schmuckschatulle. Da waren drei Armbänder, und Nell hakte sie alle um ihren linken Arm. Da waren zwei Broschen, und sie steckte sie übereinander am linken Aufschlag ihres Kostüms fest. Da war eine Kette aus korallenroten Kügelchen und Ruths dreireihige Perlenkette und ein silbernes Medaillon an einem Silberkettchen. Nell nahm sie sämtlich heraus und legte sie sich um. Ein Paar winzige türkise und silberne Ohrringe, das zu einer der Anstecknadeln paßte, befestigte sie sich an den Ohren. Sie betrachtete sich in dem dämmrigen Spiegel, feierlich, unbeholfen. Sie lächelte. Langsam begann sie alles wieder abzunehmen. Die einzelnen Stücke, die sie ablegte, tat sie nicht an ihren Platz in der Schatulle zurück. Als die Kommodenplatte mit den meisten Sachen übersät war, schien Nell das Interesse zu verlieren. Sie trug immer noch die Ohrringe.

Sie drehte sich ganz langsam, gleitend, herum, die Beine bewegend, als wären sie aus einem Stück. Sie schleuderte ihre schwarzen Pumps weg. Ruths aquamarinblaue, hochhackige Pantoffeln mit dem Maribubesatz standen ordentlich unter der Frisierkommode. Nell steckte die Füße hinein. Sie stand auf und ging darin auf und ab, beobachtete dabei ihre Füße, und Knöchel und Rist gewannen mehr und mehr Gewandtheit und Selbstsicherheit. Schließlich schien sie fast zu stolzieren. Dann schien sie nicht mehr darauf zu achten und ging so ungezwungen umher, als gehörten ihr die Pantoffeln schon lange.

Sie aß langsam drei Bonbons.

Dann setzte sie sich wieder auf die Bank und nahm Ruths Parfüm zur Hand. Die winzige, am Stöpsel befestigte Glaspipette legte sie beiseite. Sie kippte sich etwas auf den Zeigefinger und betupfte sich mit dem Zeigefinger hinter den Ohren. Sie hielt sich den Zeigefinger unter die Nase und atmete träumerisch ein, sich hin- und herwiegend, als kitzle sie ihre Sinne in träumerischem Rhythmus. Das Fläschchen fiel ihr aus der linken Hand, klirrte auf die Kommodenplatte, lag auf der Seite. Die Flüssigkeit begann zwischen den Schmuck zu sickern.

(Die zwölf Dollar, die am letzten Muttertag von Peter, die fünfzig Cents, die von Bunny gekommen waren.)

Nell bemerkte es endlich. Ihr Gesichtsausdruck änderte sich nicht. Sie nahm Ruths Haarbürste, tunkte sie mit einer schmierenden Bewegung in das verschüttete Parfüm und begann sich das lohfarbene Haar zu bürsten. Sie bürstete es straff hinter die Ohren. Jetzt nahm ihr Gesicht einen anderen Ausdruck an. Jetzt wurden sein Schnitt, die kantige Spitzigkeit des Kinns, die minimale Schrägstellung der Augenhöhlen, älter, glatter, reptilienhafter.

Sie zog sich die Haarbürste einmal über die Kehle.

Sie stand auf und trat zwischen die Betten, drehte sich um und ließ sich der Länge nach auf das links vom Telefon stehende fallen. Nach einem Weilchen hob sie träge den rechten Arm, ließ die Hand am Handgelenk baumeln, sah zu ihren Fingern auf, die schlaff am Handteller hingen.

Dann setzte sie sich auf, stopfte sich Kissen hinter den Rücken und schlug das dicke Telefonbuch auf. Sie schlug es ungefähr in der Mitte auf und sah mit blicklosen Augen die Seiten an. Sie hob die linke Hand und ließ sie auf die kleine Druckschrift fallen. Wo ihr linker Zeigefingernagel landete, kerbte sie das Papier.

Sie nahm mit der rechten Hand den Hörer ab und verlangte freundlich die Nummer.

»Ja?« Von irgendwoher aus der Stadt kam eine Männerstimme, am anderen Ende festgehakt wie ein Fisch an der Angel.

»Rat mal, wer dran ist?« sagte Nell mit sanfter, hoher Sopranstimme.

»Margaret, wo bist –«

»Ooo nein! Nicht Margaret!«

»Wer spricht da?« sagte die Stimme gereizt. »Ich bin nicht in der Stimmung –«

»Übrigens, wer ist eigentlich Margaret? Hmmmmm?«

»Margaret ist meine Frau«, sagte die Stimme steif. »Was soll das?«

»Ha!«

»Wer spricht da?«

»Virginia«, flötete Nell. »Erinnerst du dich nicht an mich?«

»Ich glaube, Sie sind falsch verbunden«, sagte die Stimme in sehr altem und müdem Tonfall, und er legte auf.

Nell saugte die Wangen ein, blätterte weiter, verlangte noch eine Nummer.

»Hallo?« Eine Frau diesmal.

»Hallo. Ach, hallo. Ist Mr. Bennet da?«

»Nein. Tut mir leid.« Munter: »Hier spricht *Mrs.* Bennet.«

»Ach«, sagte Nell ohne jede Beunruhigung. Ohne irgend etwas. Tonlos. Ihr Kopf neigte sich lauschend.

»Kann ich etwas ausrichten?« sagte die Frau, etwas weniger herzlich.

»Ach du meine Güte«, giggelte Nell. »Hier spricht nämlich Mr. Bennets Sekretärin...«

»Mr. Bennet hat keine Sekretärin, soviel ich weiß.«

»Ach«, sagte Nell. »Ach du meine Güte! Sind Sie sicher?«

»Wer spricht da?« Die Stimme begann sich anzuhören, als sei das Gesicht rot.

»Bloß eine Freundin. Sie wissen doch?«

»Würden Sie mir bitte Ihren Namen sagen?«

»Aber nein«, sagte Nell tonlos, und dann kicherte sie.

Am anderen Ende wurde der Hörer aufgeknallt. Ein Ausdruck entzückter Boshaftigkeit tanzte auf Nells Gesicht.

Sie reckte sich. Sie rief erneut das Mädchen unten an. »Ferngespräch.«

»Einen Moment, bitte.«

Rochelle Parker, in der Vermittlung, war tüchtig und dickfellig. Lange Zeit erledigte sie den Schwall von Anrufen aus 807 ohne großen Kommentar, nicht einmal sich selbst gegenüber. Sie hörte teilweise einen Streit zwischen der Telefonistin für Ferngespräche und der unbekannten Anruferin über die Existenz eines Fernsprechamtes in Chicago mit. Die Person oben benutzte unanständige Ausdrücke. Sie gehörten zum Unanständigsten, was Rochelle je am Telefon gehört hatte, und sie hatte schon einiges gehört. Und das hier war schlimmer, weil es irgendwie so gedämpft klang.

»Mein lieber Mann«, sagte Rochelle zu sich selbst. Die Augenbrauen, die sie selbst entgegen dem ursprünglichen Plan der Natur umgestaltet hatte, hoben sich bis an ihren Pony. Es kam ihr in den Sinn, daß sie es Pat Perrin, dem Hausdetektiv, stecken könnte. Wahrscheinlich tranken die da oben. Manchmal kippten die Leute ein paar und machten am Telefon besoffene Scherzchen.

Sie beschloß, daß es sie nichts anging. Was übers Telefon lief, störte den geheiligten Frieden des Hotels Majestic nicht. Wenn 807 sich das herausnähme, würde jemand anders eingreifen.

Und die Telefonrechnung würde noch zum Katzenjammer beitragen. »Junge, Junge«, dachte sie und grinste. Dann hörte 807 plötzlich zu telefonieren auf.

Das Telefonbuch war vom Bett gefallen. Nell wälzte sich auf den Bauch und sah es an, wie es auf dem Teppich lag.

Sie setzte sich auf, zog die Beine unter sich. Sie gähnte. Sie lauschte. Ihr unsteter Blick glitt an der halb geöffneten Schranktür vorbei und kehrte zurück...

4. Kapitel

Ein großer Mann sieht im Frack am besten aus, heißt es. Ruth fand, daß Peter O. Jones, obwohl er gar nicht so schrecklich groß war, wunderbar aussah. Sie sah dort keinen Mann, der distinguierter aussah als er. Aufrecht, kompakt, beherrscht ging er neben ihr her. Und wenn seine ausgeprägten Gesichtszüge auch nicht schön waren, so hatten sie etwas noch Besseres. Die Leute erinnerten sich an Peter.

Auch sich selbst sah sie in den verspiegelten Wänden des Korridors, der zum Saal führte, und sie begann zu gehen, als sei sie schön. Denn das Kleid stand ihr, und in dem weichen Licht gefiel ihr sogar ihre Nase. Vielleicht hatte sie ja eine Stupsnase, wie Peter wider alle Vernunft beharrlich behauptete. Zumindest sähe sie so aus, als würde sie sich jeden Moment in eine Stupsnase verwandeln.

Ihre Hand mit den rosenroten Nägeln drückte das schwarze Tuch seines linken Ärmels, und Peter griff herüber und berührte ihre Hand. Da standen sie, am Portal. Schwarzweiße Männer, vielfarbige Damen, Blumen, Tische und Stühle wie ein Punktmuster auf dem Parkett, aber der lange, weiße Quader des Rednertisches dominierte.

»Peter O. Jones«, sagte ihr Mann ganz ruhig zu jemandem. Ein schwarzer Rücken neigte sich. Sie folgten in Richtung Rednertisch, und Ruth sah, wie ihr Weg sich auftat, und die sich zuwendenden Gesichter markierten ihn, als streute man ihnen Blumen vor die Füße.

Jemand trat ihnen in den Weg, streckte die Hand aus. »Peter O. Jones?« sagte er erfreut. »Darf ich vorstellen...« »Bitte um Verzeihung, Sir, aber das ist...« »Guten Abend!« »*Mrs*. Jones, ah...« Sie standen in einer Menschentraube. Und doch bewegten sie sich langsam aber sicher auf den Rednertisch zu. Peter hatte eine ungemein nette Art. So viele Leute wußten, wer er war. Ruth rang darum, die Fassung nicht zu verlieren, Namen fest mit Gesichtern zu verbinden. Es war verwirrend! Es war herrlich!

Jed und Lyn saßen immer noch in dem Restaurant. Kaffee, Brandy, noch mehr Kaffee und viele Zigaretten lagen hinter ihnen. Sie hatten keine Lust, sich in Stimmung zu bringen, ins Kino zu gehen. Sie hatten das dringende Bedürfnis, etwas zu klären. Vielleicht ließ es sich niemals klären. Genau das mußten sie herausbekommen. Jed teilte mittlerweile Lyns Gefühl, daß es wichtig war. Beide hielten sie an ihrer Verstimmung fest.

Sie hatten, in unbeholfenen, größtenteils schiefen Formulierungen, Gott so gut wie abgehakt.

»Ich weiß jedenfalls«, sagte er, »daß der Herr nicht der Weihnachtsmann ist. Du verwechselst sie, Schatz. Der Weihnachtsmann, klar, *der* macht seinen Sack auf, wenn du brav gewesen bist. Ich finde, das ist nicht das gleiche.« Seine Brauen zogen sich zusammen.

»Du glaubst überhaupt nicht daran«, sagte sie müde.

»Ich quäle mich nicht damit ab.« Er zuckte die Achseln.

»Alles, was ich sagen will, Jed« – sie bemühte sich, freundlich zu sein –, »ist doch bloß folgendes. Ich fände es schön... nenn es meinetwegen dumm... nenn es, wie du willst... Ich hätte es *schön* gefunden, wenn du dem alten

Mann eine Münze gegeben hättest. Was macht es schon, ob er sie wirklich braucht oder nicht? Es wäre für *uns* gut gewesen.«

»Das ist doch Quatsch, Lyn. Reiner Quatsch.«

»Das ist kein Quatsch!«

Seine Stimme überschlug sich. Aufgestauter Ärger schlug durch. »Das ist lächerlich!«

Ihre Augen blitzten. Sie hatten sich zu lange abgemüht zu lächeln. »Freut mich zu wissen, daß du mich für lächerlich hältst.«

»Vielleicht ist es ganz gut, solche Sachen zu wissen«, stimmte er kalt zu. »Du hast mich einen billigen Zyniker genannt, weiß du noch?«

»Und vielleicht bist du das auch«, sagte sie kurz angebunden, »genau das.«

»Es ist nicht meine Aufgabe, Lyn« – er gab sich Mühe, vernünftig zu klingen –, »zum Einkommen eines Wildfremden beizutragen, der nichts für mich getan hat.«

»Das ist keine Frage deiner Verantwortung. Sondern deiner Wohltätigkeit.«

»Auf solche Wohltätigkeit kann ich verzichten. Ich hab vor zu verdienen, was ich kriege…«

»Die Leute können das nicht immer. Es gibt so etwas wie Hilflosigkeit… ohne eigene Schuld…«

»Die Regel heißt, du kriegst, was du bezahlst, und du bezahlst, was du kriegst. Werd erwachsen, dann weißt du das.«

»Angenommen, *du* bräuchtest etwas zu essen… oder einen Platz, wo du…«

»Dann gehe ich bei den Wohltätigkeitsorganisationen betteln, die diese sogenannte Hilflosigkeit anerkennen und gelegentlich nachprüfen, ob sie auch vorliegt. *Ich* würde von keinem Fremden auf der Straße erwarten, daß er etwas für mich ausspuckt. Warum sollte er auch? Warum sollte er mir glauben? Das funktioniert in beide Richtungen. Auf dieser Welt paßt man auf sich selber auf, mehr kann ich dazu –«

»Das stimmt nicht! Die Menschen müssen glauben...«

»Warum?«

»Warum dann überhaupt irgend etwas?« fuhr sie ihn an. »Wofür lebst du?«

»Woher soll ich das wissen? Ich hab mich nicht hierher befördert. Das ist das blödsinnigste –«

»Du bringst mich wohl besser nach Hause.«

Ihre Stimmen verstummten jäh.

»Warum?« sagte er schließlich, mit glitzernden Augen.

»Weil das keinen Spaß macht.«

»Warum sollte ich dich nach Hause bringen?« sagte er, vor Zorn kochend. »Frag doch einen netten Fremden.«

Sie starrte vor sich hin. Sie sagte: »Du hast völlig recht. Ich tue nichts für dich. Oder für dein Ego. Oder? Ich gehe jetzt.«

»Lyn...«

»Ja?« sagte sie eisig, im Aufstehen, ihren Mantel um die Schultern.

»Wenn du gehst...«

»Warum sollte ich nicht. Du unterhältst mich nicht. Nichts ist umsonst, sagst du doch.«

»Wenn du gehst...«

»Ich weiß. Dann sehen wir uns nie wieder. So ist es doch?«

»So ist es, fürchte ich.«

»Jed, ich will nicht, daß...« Sie war sanfter, nachgiebiger.

»Dann setz dich um Himmels willen«, sagte er gereizt, in der Annahme, alles sei vorbei, »und hör auf, wie ein kleiner Esel daherzureden.«

Ihr schräger Blick war überhaupt nicht fröhlich. »Gute Nacht«, sagte sie ruhig.

Er machte es sich auf dem Stuhl bequem, zog eine Zigarette aus dem Päckchen. »Hast du Fahrgeld? Hier.« Er warf einen Fünfdollarschein aufs Tischtuch.

Lyn bleckte die Zähne. Wie einen plötzlichen, kräftigen Windstoß spürte er ihren Impuls, ihn zu schlagen. Dann dachte er, sie würde weinen.

Aber sie ging.

Er saß da und starrte das Durcheinander auf dem Tisch an. Wenn das nicht die widerlichste, mieseste Verabredung war, die er je erlebt hatte! Vorsorglich bezeichnete er es bei sich als schlichte Verabredung. Er war wütend. Er steigerte sich in Empörung. Seine letzte Nacht in dieser Stadt! Die letzte Nacht im Osten! Die letzte Verabredung! Und sie ließ ihn stehen.

Und weswegen? Er vereinfachte grob. Weil er diesem krätzigen alten Schmarotzer keinen Vierteldollar gegeben hatte. Wenn das nicht...! Er saß da und ließ die Wut sich zu einem festen Klumpen zusammenballen. Nach einer Weile zahlte er und zog sich den Mantel an. Draußen schaute er nach Osten, dann nach Westen. Lyn war nirgends zu sehen.

Er ging los, schnell, die Hände in den Manteltaschen vergraben. Nur gut, sagte er sich verdrossen, daß er herausgefunden hatte, was für ein Zeug bei ihr schon als Denken galt. (Lyn, mit dem dunklen Kopf, der ihm bis zur Schulter reichte.) Na gut... strich er sie eben von der Liste. Ja. Konnte sie nicht einsehen, daß er sie nicht hatte verletzen wollen? Konnte sie nicht zugestehen, daß er einiges gelernt, sich ein paar Meinungen gebildet hatte, einen Kern von Überzeugungen haben mußte, die zumindest ehrlich erworben waren? Nein, das konnte sie nicht. Und deshalb war sie gegangen.

Aber Towers würde heute abend trotzdem eine Verabredung haben. Sein kleines Buch (mit der Liste) war im Hotel, Mist. Er wandte sich nordwärts. Hätte nicht gedacht, daß er es brauchen würde. Aber er *hatte* es. Er konnte darauf zurückgreifen. Hier ging es allmählich um seinen Stolz, seine Standfestigkeit, ja seine Ehre. Towers würde an seinem letzten Abend eine Verabredung haben. Er ließ sich nicht versetzen, er nicht!

Jed stürmte durch die Drehtür. Sie ruckelte, bewegte sich nicht so schnell wie er. Hoch aufgerichtet, wippend, zornfunkelnd, stand er am Empfang, verlangte barsch nach seinem Schlüssel. Er fuhr in den achten Stock hinauf, schloß seine Tür auf, machte in einem einzigen Hineinfegen das Licht an und warf den Mantel ab.

Er ging ins Badezimmer.

Er kam mit dem Zahnputzglas in der Hand heraus und starrte umher. Er griff in seine Reisetasche nach der Flasche Rye. Ihm fiel keine auf seiner Liste ein, die ihm zusagen würde. Und dann das ganze Getue vorher. Er war nicht in Stimmung dafür. Ruf um diese Nachtzeit irgendein Mädchen an, und du kannst hören, wie es in ihrem kleinen Hirn summt. Werde ich nicht wie ein Mauerblümchen wirken, wenn ich zugebe, daß ich nichts vorhabe? Das fragten sie sich alle, die Schwachköpfe. Also würde sie sagen, sie hätte eine Verabredung. Und er würde sagen: »Läßt du sie für mich sausen?« Wobei er verdammt genau wußte, daß sie sich wahrscheinlich gerade die Haare waschen wollte oder irgend so was. Dann würde sie »sie sausen lassen.« Verlogen. Alles war ziemlich verlogen.

(Lyn nicht. Sie war einfach zu naiv für das Leben.)

Er schaute aufs Telefon. Sie anrufen und sich entschuldigen? Aber wofür sollte er sich ehrlicherweise entschuldigen? Er hatte nur Dinge gesagt, die er glaubte. Er konnte seine Ansichten nicht ändern. Sie würden bloß wieder von vorn anfangen. Sie waren nicht derselben Meinung. Und niemand ließ Towers zweimal stehen! Da würde sie schon noch dahinterkommen.

Ach was, Schluß mit dem Herumgewüte.

Die Jalousie vor seiner Fensterwand war nicht heruntergezogen. Ihm ging auf, daß er dastand wie auf einer erleuchteten Bühne. Und ihm war auch, als seien Blicke auf ihn gerichtet. Jemand beobachtete ihn.

Er trat an die Fenster, die auf einen Hof hinausgingen.

Er blickte direkt über den schmalen, dunklen Schacht in eine andere, erleuchtete Fensterreihe. Das andere Zimmer schwebte dort in der Dunkelheit wie eine erleuchtete Bühne. Die Szene hatte keinen Hintergrund. Sie wurde von einer Lampe bei den Fenstern erleuchtet. Das Licht fiel auf eine weibliche Gestalt. Da drüben war ein Mädchen oder eine Frau. Sie hatte eine Art fließendes, bläuliches oder grünliches Gewand an. Sie schien *im* Fenster zu sitzen, wahrscheinlich auf der flachen Platte der langen Heizkörperabdeckung. Ihr Nacken war gebeugt. Sie hatte kurzes, gelbliches Haar. Sie schien auf einen Punkt auf ihrem rechten Bein, unmittelbar über dem Knie, herabzusehen. Ein Strumpfband oder so etwas? Ihr rechter Fuß ruhte oben auf dem Heizkörper. Das hübsch geformte Bein war gebogen, von davon wegwallendem, bläulichgrünem Stoff eingerahmt und zur Schau gestellt.

Sie schaute nicht hinaus, schaute nicht auf ihn. Er war absolut sicher, daß sie es getan hatte. Er wußte, er mußte sich in seinem Fensterrahmen deutlich abzeichnen. Er stand still, beobachtete sie, machte keine weiteren Anstalten, die Jalousie herunterzuziehen. Er war absolut sicher, daß sie wußte, daß er da war.

Sie strich sich mit der rechten Handfläche langsam über die Krümmung ihrer Wade. Ihr Kopf drehte sich. Sie schaute zu ihm herüber. Er rührte sich nicht.

Sie auch nicht.

Ihre Hand lag auf dem Knöchel. Ihr Gewand blieb, wie es war, wallte von dem hübschen Knie weg. Ihr Kopf war hochgeworfen. Sie sah ihn an.

Es hatte etwas ungemein Plumpes, sie beide in ihrer jeweiligen Pose, jeder in seinem hell erleuchteten Kasten, abwartend, wach... Es war, als überquere ein gerufenes *Na?* den Hof zwischen ihnen.

Jed spürte sich grinsen. Der Ärger, der in seinen Adern summte, wechselte die Tonhöhe, stieg einen Bruchteil höher. Was war denn das? Und warum nicht?, dachte er, angestachelt und interessiert.

5. Kapitel

Das Mädchen nahm die Hand vom Knöchel, legte beide Hände hinter sich auf die Heizkörperabdeckung, beugte sich zurück, um sich auf ihre steifen Arme zu stützen, sah weiterhin zu ihm herüber. Das hatte etwas Unverblümtes, das seiner Stimmung entsprach.

Jed vergegenwärtigte sich den Grundriß des Hotels, der in seinem Kopf gespeichert war. Er zählte Nummern ab, rechnete. Er hatte die Sorte Verstand, die ständig Karten und Grundrisse mit sich herumschleppte. Er war sich ziemlich sicher, daß er wußte, welche Nummer dieses Zimmer vermutlich hatte. Er stellte seine Ryeflasche ab und hob beide Hände so, daß ihre Form sich für sie deutlich abzeichnen würde. Er hielt acht Finger hoch, dann beide, zu einem O gebogene Hände, dann sieben Finger.

Sie setzte sich jäh auf, schlang beide Arme um die Taille und drehte sich so, daß ihr Knie herunterglitt. Sie wandte ihm das Gesicht zu, den Kopf geneigt, wie wenn sie sagen wollte: Was soll das heißen?

Er nahm die Flasche in die linke Hand, deutete darauf, auf sie, auf sich selbst.

Ihr Kinn flog hoch, als werfe sie lachend den Kopf zurück.

Er stellte die Flasche ab, machte die Gebärden des Telefonierens. Sie verstand, denn ihr Kopf drehte sich und sie schaute sich nach der Stelle um, wo in diesem Zimmer das Telefon sein mußte.

Sie machte das Zeichen für sieben.

Jed zog sich vom Fenster zurück. Er wußte, er war immer noch deutlich sichtbar, für sie im grellen Schein der Deckenlampe vielleicht noch klarer zu sehen. Er nahm den Hörer ab. Er sagte zu dem Mädchen: »807, bitte.«

Während Rochelle unten die Verbindung herstellte, kam ihr flüchtig ein Gedanke, nicht klarer als das Wort ›wie?‹, in den Sinn. Als sie ihm nachging, fiel es ihr ein. Ach ja, 807 war die Dreckschleuder mit der leisen Stimme. Was nun? Wahrscheinlich, vermutete sie, wollte sich 821 beschweren. Die Sache reizte sie. Sie hörte eine Männerstimme »Na?« sagen. Die Stimme war barsch und eine Spur spöttisch. Sie würde sich nicht beschweren. Rochelles Interesse, von vornherein schwach, schwand. Die Muskeln ihres Mundes formten eine rasche, zynische, gleich vergessene Bemerkung.

Jed konnte das Mädchen immer noch sehen, drüben in dem kleinen Lichttümpel bei den Betten, wie sie den Hörer abnahm. Er winkte. »'n Abend«, sagte er ins Telefon.

Sie gab einen sanften Laut von sich, wie ein Glucksen. »Hallo.«

»Möchten Sie denn einen Drink?«

»Vielleicht«, sagte sie.

»Allein?«

Sie wußte, wonach er fragte. »Sie haben doch Augen im Kopf, oder?« sagte sie, und wieder kam das angedeutete Lachen.

»Wenn ich rüberkomme, machen Sie dann die Tür auf?«

»Vielleicht.«

»Es ist ein ganzes Stück«, sagte er.

Er hatte den Eindruck, daß sie mit ihm anbändeln

wollte, aber dann passierte etwas. Er sah, wie ihr Kopf sich drehte. Irgendein Geräusch... das sie hörte, aber er nicht. Sie sagte, in anderem Tonfall und anderem Tempo: »Warten Sie ein paar Minuten?«

»Das ist ein spontaner Einfall«, sagte Jed freiheraus. »Er hält vielleicht nicht vor.«

»Fünf Minuten«, sagte sie, nunmehr in erwartungsvollem und verschwörerischem Ton. »Es ist jemand an der Tür.« Dann sagte sie: »Ach bitte«, ganz sanft, und legte ganz sanft auf.

Jed saß in seinem Zimmer auf dem Bett und legte automatisch den Hörer auf. Er sah sie am Fenster, wie sie die Jalousie herabließ, aber sie stellte die Lamellen gerade, so daß er immer noch ins Zimmer sehen konnte. Er bekam mit, wie sie in den dämmrigen Teil ging, wie sie die Tür aufmachte. Der Besucher kam in die Richtung, die für Jed Vordergrund war, kam weit genug herein, so daß er die Hotellivree erkennen konnte.

Page oder so was. Na gut... Er ging mit dem vagen Gefühl in sein Badezimmer, für einen Moment in die Kulissen zu treten, aus dem Rampenlicht. Er betrachtete sich im Spiegel. Seine Wut war nicht mehr so geballt. Sie hatte sich in rhythmische Wellen aufgelöst. Sie kam und ging, stieg und fiel. Wenn sie hochschlug, fühlte er sich rücksichtslos und in der Stimmung, etwas zu zertrümmern. Wenn sie abebbte, fühlte er sich ein kleines bißchen leer und müde. Aber das Pulsieren war stark, die Wellen drängten. Es schien notwendig, etwas zu tun.

Eddie sagte: »Die Kleine ist doch schön schlafen gegangen, oder? Geht's dir gut, Nell?«

»Mmhm«, murmelte Nell. Sie war in den kastanienbraunen Sessel geplumpst und wirkte entspannt. Ihre

Lider sanken herab, als lägen sie ihr schwer über den Augen. Ihr Gesicht war weich und wirkte schläfrig.

»Was hast du da an? Nell?« Eddies Stimme war dünn und behutsam.

»Ich mach nichts kaputt.«

Eddies umherhuschender Blick erfaßte die Platte der Frisierkommode und den Zustand, in dem sie war. Seine golddurchsetzten Zähne nagten an seiner fahlen Lippe. Er schob sich näher an die Frisierkommode. Nach einer Weile sagte er mit leiser Stimme: »Du darfst dich nicht an anderer Leute Sachen vergreifen, Nell. Wirklich, das darfst du nicht.«

»Ich mach nichts kaputt«, wiederholte sie, und ihre Stimme war trotziger als eben.

Eddie kaute auf der Lippe. Er stellte die Parfümflasche auf und steckte den Stöpsel hinein. Fast verstohlen begannen seine Finger, das Schmuckgewirr zu ordnen. Er begann sanft, einschmeichelnd, zu reden.

»Ist doch irgendwie 'n leichter Job, oder, Nell? Meinst du nicht? Bloß 'n paar Stunden in so nem hübschen Zimmer zu sitzen. Und denk bloß, du wirst dafür bezahlt. Fünfzig Cents die Stunde ist nicht schlecht, bloß fürs Hiersein. Wenn du daheim wärst, würdst du doch auch mit Tante Marie zusammensitzen und aufs Schlafengehen warten. Es gefällt dir doch, oder, Nell?«

»Aber klar«, sagte sie schläfrig.

»Nell, du... ziehst mal lieber das Negligé aus... und die Pantoffeln. Ehrlich, ich glaub nicht, daß Mrs. Jones das gern sehen würd.«

»Das merkt die doch gar nicht«, sagte Nell schroff.

»Na ja«, sagte Eddie, »ich hoffe, du... Ziehst du sie aus, wie sich's gehört?«

»Mmhm«, murmelte sie. »Klar doch, Onkel Eddie.« Sie hob die Augen und lächelte ihn an.

Er war ungeheuer erleichtert und erfreut. »So ist's recht«, rief er. »So ist's brav. Zieh sie aus, Nell, und tu sie dahin, wo sie waren, damit sie's nicht merkt. Weil, du willst doch bezahlt werden. Du willst doch noch mehr solche Jobs kriegen. Verstehst du denn nicht, Nell? Das wird so was wie 'ne richtig schöne kleine Arbeit für dich. So leicht. Und hinterher kannst du mit dem Geld machen, was du willst. Du kannst dir *selber* so 'n Paar schicke Pantoffeln kaufen. Oder 'n Paar Ohrringe. Wär das nicht schön?«

Sie schmiegte die Wange an den Sessel.

Eddie wünschte, er wüßte, wie Marie eigentlich mit ihr redete, was sie eigentlich machte. Denn Nell war brav, wenn Marie da war, richtig ruhig und brav.

»Weißt du was«, sagte er herzlich, »wenn ich Dienstschluß hab, bring ich dir 'n Coke rauf. O.k.? Nehmen wir 'ne kleine Erfrischung, du und ich. Wird dir gar nicht so lang vorkommen. Du wirst dich wundern, wie die Zeit vergeht.«

»Müde«, murmelte sie.

»Na denn«, sagte er, die Schultern straffend, »mach 'n kleines Nickerchen. Das ist 'ne gute Idee.« Er blickte die Parfümflasche an, die fast leer war. Er räusperte sich. Er sagte in einem Ausbruch von Nervosität: »Und du entschuldigst dich lieber dafür, daß du das Parfüm verschüttet hast... gleich, wenn sie zurückkommt.«

Nells Lider hoben sich langsam, bis ihre Augen ganz weit geöffnet waren. »Es war ein Versehen«, sagte sie eine Oktave höher als eben. Ihr ganzer Körper hatte sich angespannt.

»Ich weiß. Ich weiß«, sagte Eddie rasch. Er trat zu ihr hin und legte ihr sanft die Hand auf die Schulter. Sie wand sich von ihm los. »Natürlich war's 'n Versehen. Ich glaub dir, Nell. Klar war's das. Ich mein doch bloß, es wär gut, man sagt's gleich, ehe sie's merkt. So'n Versehen kann jedem passieren. Sie macht dir bestimmt keine Vorwürfe.«

Nell sagte nichts.

»Das kommt schon in Ordnung«, sagte Eddie tröstend. »Du hast nichts dafür gekonnt. Und jetzt läßt du's einfach – einfach 'n bißchen ruhig angehen. Ich bin bald zurück.« Er sah sich nervös um. Der offene Fahrstuhl, der schon zu lange im achten Stock hielt, stand ihm vor Augen. »Ich muß gehen. Aber dir geht's doch gut, oder?« Er schluckte. »Bitte, Nell«, sagte er mit dünner, flehender Stimme, »mach keinen Unsinn mehr mit ihren Sachen, ja?«

»Ich mach doch gar nichts«, sagte sie verdrossen.

Doch als er seufzte und auf dem Weg zur Tür innehielt, als wolle er sie noch ein bißchen anflehen, sagte sie rasch: »Tut mir leid, Onkel Eddie. Ich leg alles zurück. Du weißt doch, ich werd . . . so unruhig.« Ihre Hände glitten zu den Ohrringen. »Ich nehm sie ab.«

Sofort freute er sich. »Klar, ich weiß, daß du unruhig wirst. Ich weiß, du meinst es nicht so. Ich will, daß du . . . dich irgendwie an den Gedanken gewöhnst. Überleg doch mal, Nell. Wir könnten hier 'ne Art kleines Geschäft aufziehen. Wenn du bloß . . . wenn es dir gefällt.«

»Es gefällt mir wirklich«, sagte sie mit zuvorkommender, ernster Stimme. Ein Ohrring lag in ihrer Hand.

Das Gesicht des kleinen Mannes wurde vor Entzücken rot. »So ist's brav! Das ist prima! Und wir sind nachher verabredet. Denk dran. Ich bring die Cokes mit.« Und damit entfernte er sich, das spitze kleine Gesicht als letztes zurückziehend, wie eine Maus, die in ihrem Loch verschwindet.

Nell wartete, bis die Tür zu war. Mit ausdruckslosem Gesicht befestigte sie den Ohrring wieder an ihrem Ohrläppchen. Langsam rappelte sie sich auf. Dann begannen ihre Füße sich in dem winzigen Tanz auf dem Teppich zu bewegen. Sie lauschte. Sie ging zur Jalousie, die unter ihrem Griff hochrasselte.

Jed stand in der Mitte seines Zimmers, das Gewicht gleichmäßig auf beide Füße verteilt, und sah ziemlich streitlustig zu ihr herüber.

Sie warf beide Hände zu einer lockenden Geste hoch, führte sie weiter, bis ihre Arme wie bei einer Tänzerin in hohem Bogen erhoben waren, und wirbelte nach hinten vom Fenster weg. Jed stand still. Und das Mädchen stand still, mit hoch erhobenen Armen erstarrt, über die Schulter zurückblickend.

Eine Sekunde später steckte Jed die Flasche ein und legte den Finger auf den Lichtschalter. Das Licht ging aus.

Nell zerwühlte die Ordnung, die Eddie geschaffen hatte, und grapschte nach Ruths korallenrotem Lippenstift.

6. Kapitel

Jeds spontaner Einfall war so schwankend wie eine Kerzenflamme im Luftzug. Er steckte für den unerläßlichen kleinen Drink, den man nimmt, während man die Lage peilt, die Flasche ein, steckte auch seinen Schlüssel ein, hörte, wie die Fahrstuhltür sich schloß. Deshalb wartete er das leise Summen seines Abfahrtsgeräusches ab, ehe er nach rechts um die Ecke ging, die Fahrstühle passierte und erneut rechts abbog.

Er war in verhaltener Stimmung, als er an die Tür mit der Nummer 807 klopfte.

Sie war nicht sehr groß, nicht sehr alt, sah auch nicht übel aus. Aber er konnte sie nicht einordnen. Keine lockige Blonde. Keine glatte Blonde. Ihr Gesicht, schräg gelegt, um ihn anzusehen, war ein Dreieck, und ihre Augen hatten einen harlekinesken Schnitt. Jeds Nasenlöcher blähten sich. Sie stank... das ganze Zimmer stank... nach Parfüm. Sie öffnete die Tür rasch weiter. Er machte einen Schritt, und die Tür schloß sich hinter ihm, als hätte sie ihn in diesen parfümierten Raum hineingefächelt. Sein Blick huschte umher. Er wirkte, und wußte das auch, als sei er drauf und dran, wieder einen Schritt rückwärts, hinaus zu machen.

»Was ist in der Flasche?« fragte sie.

Er zog sie aus der Tasche und zeigte ihr das Etikett. Er sagte mechanisch: »Ein zu schöner Abend, um allein zu trinken.« Sein kühler, grauer, starrer Blick musterte sie.

Ihre blauen Augen musterten die seinen. Einen Moment

lang glaubte er, es würde kein Getue geben... und war gebannt von demselben Gefühl unverblümter Direktheit, das er zuvor verspürt hatte.

Das war kein Typ, den er kannte.

Sie drehte sich um, trat dabei leicht auf den aquamarinblauen Saum des Negligés, das so lang war, daß es um sie herum auf dem Boden schleifte. Sie sagte: »Möchten Sie sich nicht setzen?« Ihre Stimme war tonlos und sachlich. Und doch war er sich nicht sicher, ob sie einen Gemeinplatz benutzt oder sich darüber lustig gemacht hatte.

Er stellte die Flasche auf den Tisch und ging daran vorbei, schlenderte wachsam zu dem großen, kastanienbraunen Sessel. »Nett von Ihnen, mich herüberzubitten«, sagte er automatisch. Sein Blick erfaßte bestimmte Zeichen, und er war nicht begeistert. Er dachte, er sollte hier lieber verschwinden, so schnell es anstandshalber ging. Offenkundig wohnte in diesem Zimmer auch noch ein Mann.

Sie krabbelte auf Knien über eines der Betten und stand dann in vollendeter Würde dazwischen. Es war ein eigenartiger Effekt, fast als wäre ihr gar nicht bewußt, wie sie dahin gekommen war, als nähme sie ganz selbstverständlich an, daß sie wie eine Dame um das Bett herumgegangen war. Sie legte die Hände auf das Telefon. »Wir benötigen etwas Eis«, sagte sie geschwollen.

»Prima.«

»Ginger Ale?«

Der Name auf dem im Kofferschloß eingeklemmten Umschlag war Jones. »Ganz wie Sie meinen, Mrs. Jones«, sagte Jed.

Sie war verblüfft. Ihr Körper versteifte sich, während sie in aufgeschreckt-überraschter Haltung verharrte.

Dann zuckten ihre rötlichen Wimpern herab. In den Hörer sagte sie geschwollen: »Bitte etwas Eis und Ginger Ale für Mrs. Jones auf 807.«

Jed vermutete, daß sie irgendeinen Filmstar nachahmte.

Aber man hatte eine Textzeile aus dem Film gestrichen. Sie hatte vergessen, den Zimmerservice zu verlangen. Die Vermittlung verband sie weiter. Über Jeds Kopf hinwegblickend, wie ein Modell für ein Glamourfoto posierend, wiederholte das Mädchen ihre Bestellung mit genau der gleichen Betonung. Es war tatsächlich eine Nachahmung.

Aber als sie auflegte, veränderte sich ihr ganzes Gesicht. »Ich bin nicht Mrs. Jones«, verriet sie ihm mit verstohlenem Entzücken. »Mrs. Jones ist ausgegangen.« Das war keine Nachahmung. Es war ... eigenartig.

Jed schaute leicht fragend drein.

»Das ist nicht mein Zimmer«, gluckste sie.

Er dachte bei sich, daß diese Ausrede auch nicht schlechter war als andere. »Ist ja ulkig. Das Zimmer da drüben ist auch nicht *mein* Zimmer. Zufall?« Er lehnte sich grinsend zurück.

»Mr. und Mrs. Jones sind ausgegangen«, sagte sie stirnrunzelnd.

»Der Mensch, in dessen Zimmer ich war, ist auch ausgegangen«, sagte Jed, immer noch grinsend. »Er hat eine Verabredung.« Er spürte Ärger in Hals und Kiefer pochen. »Glückspilz. Ist er doch? Ich doch auch?«

Sie setzte sich aufs Bett und stopfte sich ein Kissen hinter den Rücken. »Ich fahre morgen nach Südamerika«, bemerkte sie leichthin.

»Ach ja? In welches Land?« Sie gab keine Antwort. »Ich bin selber auf dem Sprung nach Europa«, log er munter. Er glaubte kein Wort, das sie bis jetzt gesagt hatte.

»Mr. Jones ist mein Bruder«, sagte das Mädchen. »Ich hasse ihn. Ich hasse alle meine Verwandten. Sie erlauben mir überhaupt nichts. Sie wollen nicht, daß ich mit jemand ausgehe.« Sie wirkte gleichzeitig träumerisch und verdrossen. Jed begann etwas davon zu glauben. Irgend etwas daran stimmte.

»Sollen wir zusammen ausgehen?« schlug er vor. »Möchten Sie tanzen gehen?«

Ihr Kopf fuhr hoch. Er sah ihr rasches Verlangen zu gehen und ihre Besinnung auf irgendeinen Grund, warum das nicht ging... das Auflodern einer Flamme und ihr rasches Ersticken.

»Ich habe keine Abendkleider«, sagte sie, und er glotzte verblüfft ob der Ausrede. Wenn es denn eine Ausrede war. »Mrs. Jones hat ein schönes Abendkleid angehabt.«

»Ihre... Schwägerin?«

»Und eine Samtstola in der Farbe hier.« Sie berührte das Negligé. »Das kann man sich nicht von fünfzig Cents die Stunde kaufen.«

Jed wurde nicht schlau aus dem, was sie sagte. Ein Klopfen an der Tür unterbrach sein Herumrätseln. Page mit dem Eis. Jed stand auf und drehte ihr den Rücken zu, schaute durch die Jalousie hinaus, als gäbe es dort etwas zu sehen. Es gab nichts zu sehen außer einer Alten, die da drüben Briefe schrieb. Selbst das nahm Jed kaum wahr. Ihn ärgerte die Vorstellung, daß er sich hier drin nicht sehen lassen sollte. Dennoch, ein Hotel, vermutete er, in seiner Dienstbeflissenheit, wußte normalerweise aufgrund irgendeiner nervösen Wechselwirkung, was innerhalb seiner Mauern vor sich ging. Es machte Theater oder es machte kein Theater. Aber es wußte Bescheid. Wahrscheinlich machte er keinem etwas vor.

»Unterschreiben, Miss?« murmelte der Junge.

Das Mädchen war völlig hilflos. Das hatte sie in ihren Filmen nie gesehen. Ihr geschwollenes Gehabe war angekratzt. Vom Unterschreiben einer Rechnung hatte sie keinen Schimmer.

Jed drehte sich um. »Laß mich das mal erledigen, Schatz.« Er kramte nach Geld. »Um welche Zeit ist dein Bruder gegangen?« fragte er sie über die Schulter.

Sie sagte nichts.

»Wissen *Sie*'s?« Jed beobachtete die weltklugen, jungen Augen des Pagen. »Haben Sie ein Paar in Abendkleidung bemerkt? Sie hat eine Stola getragen, in der Farbe.«

»Mr. und Mrs. Jones?« sagte der Junge sanft. »Ja, die sind vor einer ganzen Weile gegangen.«

»Wie lange bleiben sie weg?« fragte Jed das Mädchen.

Sie zuckte die Achseln. »Irgend 'n Schwof...«

»Ja? Na denn...« Jed beobachtete den Jungen, dessen Blick zunächst zufrieden, dann verschleiert war. Der Junge nahm sein Trinkgeld und ging.

Der Page, der Jimmy Reese hieß, ging beschwingt den Flur entlang, die Lippen zu einem Pfeifen gespitzt, eine Melodie formend, ohne sie durch Atem hörbar zu machen. Eddies Fahrstuhl nahm ihn mit. Sie beäugten einander mit so etwas wie professioneller Verachtung. Jimmys Pfeifen ging einfach weiter. Der Kerl auf 807 gehörte auf 821. Das wußte Jimmy. Wer das Mädchen war, wußte Jimmy nicht. Sie war also Jones' Schwester. Soviel er wußte. Er wußte nicht, daß sie etwas mit Eddie zu tun hatte. Er blickte zu dem Gitterwerk auf, kam zum Refrain. Er glaubte allerdings nicht, daß 821 da drin nach Jones suchte. Jimmy behielt eine Menge ulkige Sachen für sich.

Eddie wußte nicht, daß Jimmy gerade auf 807 gewesen war. Er hatte im achten Stock angestrengt gelauscht. Er hatte den Jungen beäugt. Alles schien ruhig zu sein.

Und so schwebten sie in professioneller Unnahbarkeit abwärts, tauschten keine Bemerkungen, keinen Klatsch, keine Informationen aus.

Während er Drinks mixte, überdachte Jed alles. Er hatte nicht versucht, einen bestimmten Eindruck von sich zu erwecken, den eines Besuchers, der seinen Gastgeber verpaßt hat. Er nahm an, daß er keinem etwas vormachte. Andererseits hatte er etwas festgestellt. Mr. und Mrs. Jones waren tatsächlich ausgegangen. Wer war dann sie?

»Haben Sie auch einen Namen?« fragte er freundlich.

»Nell.« Sie sagte es ihm so geistesabwesend, daß er überzeugt war, daß es stimmte.

Trotzdem log er, als er sagte: »Ich heiße John.« Er reichte ihr ein Glas.

Sie nahm einen tiefen Schluck, blickte auf und lachte ihn an. »Sie wissen nicht, was Sie von mir halten sollen. Sie sind nervös. Sie sind ulkig.«

Er ließ das hingehen. Er ging zur Jalousie hinüber und verstellte sie. Dann setzte er sich neben Nell aufs Bett. »Wo sind Sie her, Nell?«

»Kalifornien.«

»Welche Gegend?«

»Überall.«

»Das geht nicht. Kalifornien ist zu groß.«

»So groß auch nicht.«

»San Francisco?«

»Manchmal.«

»Tulsa?« sagte er.

»Da auch«, antwortete sie heiter. Sie spulte dieses Geschwätz ganz gedankenlos ab, völlig unbekümmert darum, ob es plausibel klang.

»Wo ist Tulsa?« fragte er mit plötzlichem Argwohn.

»In Kalifornien.« Sie wirkte überrascht.

»Nell«, sagte er liebenswürdig, »Sie sind eine Lügnerin.«

»Wenn schon«, sagte sie, plötzlich sanft wie ein Kätzchen, und lehnte sich an seine Schulter, »Sie lügen mich doch auch an.«

»Ich habe gar nichts gesagt.«

»Sie lügen trotzdem.«

Er nahm ihr Kinn in die linke Hand, drehte ihr Gesicht und betrachtete es forschend, und sein Puls schnellte hoch, als er die widersinnige Ehrlichkeit darin erkannte. Du bist ein Lügner. Ich bin eine Lügnerin. Na und? Nein, das war kein nach langer Übung zynisch gespielter Blick. Er hatte etwas völlig Unverdorbenes.

Sie war kein Typ, den er kannte.

»Na?« sagte er laut. Er neigte das Gesicht, um sie zu küssen.

Der Geschmack ihrer Lippen war ganz nah, als ihm ein Schauder über den Rücken lief. Er drehte Nells ruhig wartendes Gesicht mit der Hand weg, drückte es an seine Schulter. Sein Nacken bewegte sich steif, langsam. Er sah sich um.

Da war ein kleines Mädchen mit dunklen Zöpfchen, barfuß, in einem rosa Pyjama. Es beobachtete sie schweigend.

Ein wildes Tier hätte ihn nicht mehr erschrecken können.

7. Kapitel

Der Schock schien ihn hochzureißen. Seine Stimme besser als seine Reflexe beherrschend, krächzte er: »Anscheinend haben wir Zuschauer.« Er hatte Nell von sich weggeschubst. Er war herumgewirbelt, ohne die Knie zu strekken. Er saß plötzlich auf dem anderen Bett, wandte dem Kind das Gesicht zu... griff nach seinem Glas...

Jed, der sich um seinen eigenen Kram kümmerte, hastete an den Kindern dieser Welt vorbei, ohne je Kontakt mit ihnen aufzunehmen. Sie interessierten ihn nicht. Wie Briefmarkensammler, Mönche oder surrealistische Maler standen sie außerhalb seiner Sphäre. Ereignisse, die ihn vorzeitig hatten altern lassen, hatten auch die Kontinuität seiner Erinnerungen aus dem Lot gebracht. Es schien lange her, wenn es sich nicht gar auf einem anderen Planeten abgespielt hatte, daß er selbst ein Kind gewesen war. Selbst kinderlos und eigentlich nur mit wenigen jungen Eltern bekannt, hatte Jed keine Kinder zu Freunden. Er würde ›einen Haufen Kinder‹ erwähnt haben, wie er über eine ›Hühnerschar‹ oder einen ›Ameisenhügel‹ sprechen würde. Er unterschied sie nicht als Individuen. Er hatte einfach nichts mit ihnen zu schaffen.

Dieses kleine Mädchen, mit den dunklen Augen in dem eckigen Gesicht, war kein hübsches kleines Mädchen. Zu dünn. Zu ernst.

Nell hatte sich, auf die Arme gestützt, zusammengeduckt. »Geh wieder rein da«, sagte sie böse.

»Ich möchte...«

Nell kroch auf den Knien übers Bett. »Los. Geh wieder rein da und schlaf.« Ihre Finger krallten sich in die kleinen Schultern.

Niemand redete in diesem Ton mit Bunny O. Jones. Niemand kam auf sie zugekrabbelt wie eine große, zornige Krabbe. Niemand behandelte sie so grausam. Bunny war ernstlich erschrocken. Sie begann zu weinen.

»Und halt die Klappe!« sagte Nell.

»Deins?« sagte Jed kühl.

»Sie ist nicht meins«, sagte Nell gereizt. »Sie gehört den Jones'.«

»Ach so... deine Nichte?« – Nell lachte.

»Du hast die Sachen von meiner Mami an«, wimmerte Bunny.

»Halt die –«

»Moment mal.« Jed stand auf. Das Glas in der Hand kam er auf sie zu. Er war sehr groß neben Bunny O. Jones. Es kam ihm nicht in den Sinn, sich zu bücken. »Wie heißt du?« Er kam sich unbeholfen vor, als er dieses Würmchen ansprach, und war gezwungen, laut zu sprechen, wie zu einem Ausländer oder zu jemandem, der vielleicht die Sprache nicht ohne weiteres versteht.

»Ich heiße Bunny O. Jones.« Sie wand sich unter Nells groben Händen.

»Laß sie los, Nell. Bunny *Jones*, ja? Das ist nicht deine Tante, oder?«

»Was fragst du *sie*? Sie hat hier drin überhaupt nichts zu suchen...«

»Vielleicht hältst du mal einen Moment die Klappe«, sagte Jed.

»Sie ist meine Babysitterin«, schluchzte Bunny.

»Ach du lieber Gott.« Jed stellte sein Glas ab und rückte

mit gereizten Schulterbewegungen sein Jackett zurecht. Jetzt wußte er, in was er da hineingeraten war.

Nell hatte die Hände von dem Kind genommen, aber nicht sehr weit. »Ich mag dich nicht«, schluchzte Bunny.

»Ich mag dich auch nicht, du verdammte kleine Schnüfflerin«, sagte Nell.

In diesem Ton sprach man jedenfalls nicht mit diesen seltsamen kleinen Wesen. Soviel erahnte Jed immerhin. Es ging ihm langsam auf, mit dem Empfinden, wie groß er war, wie groß und massig schon Nell war und wie hilflos das Kind.

Er sagte: »Niemand tut dir was, Bunny. Wein nicht.«

Aber sie weinte weiter. Vielleicht glaubte sie ihm nicht. Er konnte es ihr nicht verdenken. Sie wich vor Nell zurück. Und Nell verstand es, ihr immer dichter auf den Pelz zu rücken, so daß das Kind sich bedroht und verfolgt fühlte und zu entkommen suchte, obwohl die Jagd weder rasch noch ausgedehnt war, sondern in winzigen Verschiebungen der Füße auf dem Teppich vor sich ging.

»Warum fragst du sie nicht, was sie wollte?« sagte Jed.

»Sie wollte rumschnüffeln«, sagte Nell.

Aber Jed war klar, daß das kleine Mädchen nicht um des Schnüffelns willen geschnüffelt hatte. Ihm war klar, daß sie nicht in böser Absicht gehandelt hatte. Wie eine Schranke streckte er Nell den Arm in den Weg, und sie stieß mit dem Hals dagegen. »Nein«, beharrte er. »Da war etwas. Was war's denn, hm? Bunny? Was hast du gewollt?«

»Es ist zu heiß«, wimmerte Bunny. »Ich will meine Heizung aushaben.«

»Du hättest fragen können«, sagte Jed verächtlich zu Nell. »Ist schließlich einfach genug. Ich mach das schon.«

Er schritt durch die Verbindungstür, von der er trotz aller Vorsicht nicht bemerkt hatte, daß sie offenstand. Das andere Zimmer war stickig. Er fand den Regulierknopf. Er dachte, Towers, brich deine Zelte ab. Er bemerkte den Ausgang auf den Korridor von hier, von 809, und den Schlüssel im Schloß.

Aber das weinende Kind, dem das Mädchen erneut in diesem schrittlosen Gleiten nachsetzte, war bei ihm im Zimmer.

»Jetzt ist es O.k.«, sagte Jed. »Wird gleich kühl. Geh mal lieber wieder ins Bett.«

»*Die* geht schon ins Bett.«

Bunny rannte los. Sie wickelte sich in die Bettdecke. Sie verkroch sich, wie um sich zu verstecken. Sie weinte immer noch.

Jed stakste nach 807, direkt auf die Flasche zu. Er hatte die Absicht zu gehen, ohne seine Schritte zu unterbrechen, sich das Glas zu schnappen, es zu leeren, die Flasche zu greifen, das Zimmer zu durchqueren und abzuhauen. Aber er ärgerte sich. Was für ein mieser Abend! Erst ein Reinfall und dann noch einer! Bissige Bemerkungen kamen ihm in den Sinn. *Jetzt* begriff er den Witz von wegen fünfzig Cents die Stunde... jetzt erst!... dabei hätte er es schon vorhin mitkriegen müssen, wenn er Grips genug gehabt hätte. Es machte ihn wütend, so dumm gewesen zu sein. Er war peinlich berührt und gedemütigt. Er ärgerte sich sogar halb über die Kleine, weil sie hereingekommen war und zugeguckt hatte, wie Towers sich zum Esel machte. Eine Babysitterin!

Er wollte dieser Nell stecken, daß er sich ärgerte. Deshalb schenkte er sich aus der Flasche nach.

Als Nell unmittelbar hinter ihm 807 betrat und die Tür

fest hinter sich schloß, fauchte er: »Wolltest du mir auch 25 Cents die Stunde bezahlen? Oder war das kein Fifty-fifty-Geschäft?«

»Was?« Sie sprach, als sei sie in Gedanken gewesen, als hätte sie es nicht richtig gehört. Ihr Gesicht war heiter. Sie schwebte auf den Spiegel zu. Sie berührte ihr Haar. Es war, als ob sich die Tür, nun da sie geschlossen war, überhaupt nie geöffnet hätte.

Aber Bunny weinte bitterlich jenseits der Wand.

Jed sagte wütend: »Warum hast du mir nicht gesagt, daß ein Kind da drin ist?«

»Ich hab nicht gewußt, daß sie hier reinkommen würde«, sagte Nell.

Jed sah sie an. Zum erstenmal stieß ihm etwas auf, sagte etwas in seinem Kopf das Wort. Aber er glaubte es nicht. Das Wort sagt sich leicht. Es rutscht einem so heraus. Aber es ist nicht leicht zu glauben, nüchtern, auf dem Boden der Wirklichkeit.

Sie ging hinüber zu der Stelle, wo er stand, beim Schreibtisch, der zur Bar geworden war.

Er hatte schon erlebt, wie Katzen ihm um Schuhe und Knöchel strichen.

Nell schmiegte sich in seine Schulterbeuge und hob ihr leeres Gesicht zu ihm auf. Sie war wieder, wo sie gewesen war, als sie so rüde unterbrochen wurde. Sie wartete darauf, daß sie weitermachten, wo sie aufgehört hatten. Jed stand still, verärgert genug, um sie brutal von sich wegzuschleudern, aber auch erbittert genug, um in unempfänglicher Verachtung stillzuhalten.

Das kleine Kind weinte da drin, ein quälendes, marterndes – ein schreckliches Geräusch.

Nells lohfarbener Kopf lehnte an ihm. Er packte sie an

der Schulter. »Hörst du das nicht? Stimmt irgendwas mit deinen Ohren nicht?« Er schüttelte sie.

»Hmmmmmmmm?« Sie lächelte. Sie genoß es, geschüttelt zu werden. Deshalb ließ er sie los. Ihre Augen öffneten sich. »Ich hab dich verstanden. Ich weiß, was du gesagt hast. Du bist böse auf mich. Ich versteh nicht, warum du böse auf mich bist, John. Johnnie! Ich hab nichts getan.«

»Du hast nichts getan?«

»Nein.«

»So«, sagte Jed. Er drückte den Korken in die Schnapsflasche und behielt sie in der Hand. Er war auf dem Sprung. Er hatte hier nichts verloren, sinnlos, sich zu streiten, völlig zwecklos.

»Geh nicht«, sagte Nell ziemlich schrill. »Ich hab nichts getan. Jetzt ist es doch gut, oder? Sie ist weg.«

»Weg!« Das Geräusch des im Nebenzimmer weinenden Kindes zerrte an Jeds Nerven. Genauso schlimm, dachte er, wie wenn eine Katze unter seinem Fenster heulen würde, während er zu schlafen versuchte. Es war auch zu unregelmäßig für ein Hintergrundgeräusch. Es war durchdringend. Es zog einen mit hinein in seine Qual. »Hörst du das denn nicht!«

»Das? Sie wird schon schlafen.«

»Ach ja?«

Nell zuckte die Achseln. Mit einer Hand raffte sie das lange Seidengewand, damit es nicht nachschleifte. Sie wirbelte herum, wirkte ganz ausgelassen. »Kann ich nicht noch was zu trinken haben?« Die Laute, die die Kleine von sich gab, waren, wie Jed feststellte, nicht ganz wie das Schreien einer Katze. Eine Katze hielt entweder die Klappe, oder sie ging anderswohin, oder man selbst ging anderswohin. Man kam weg. Und wenn die Katze irdendwo schrie, wo man sie nicht hörte, na dann sollte sie eben schreien. Er hatte keine Ahnung von Kindern. Aber man brauchte auch keine Ahnung zu haben. Das Zuhören sagte einem alles. *Dieses* Geräusch, *dieses* Weinen mußte aufhören.

»Stört es dich?« sagte das Mädchen ziemlich beiläufig und hielt ihm ihr Glas hin.

»Es stört mich wahnsinnig«, sagte Jed rauh. »Sie hat Angst. Und daran bist du schuld. Warum mußt du auch auf sie losgehen wie eine Wildkatze? Behandelst du deine Kunden immer so?« Er goß Whisky in ihr Glas, ohne richtig zu merken, was er tat.

Sie blickte verdrossen. »Ich wollte ihr keine Angst machen.«

»*Mich* hat sie erschreckt. O.k. Aber du hast gewußt, daß sie da drin ist. Du sollst doch auf sie aufpassen, oder? Hör dir das an...«

Er hörte es sich selbst an, die ganze Zeit. Das Geräusch war unerträglich. »Sorg lieber dafür, daß sie aufhört.«

»Wenn sie müde wird...«

»Willst du das ganze Hotel hier oben haben?« blaffte er.

»Nein.« Sie schaute beunruhigt.

»Dann mach was. Ich sag's dir.«

Er stakste zum Aschenbecher und trat dabei zwischen die Betten. »Wenn ich reingehe, schleichst du dich raus«, sagte Nell tonlos. Der Gedanke kam Jed in den Sinn, während sie es sagte. Er stellte den Whisky neben das Telefon. Er nahm die Hand von der Flasche, als wäre sie heiß.

»Ich muß mich nicht rausschleichen, weißt du«, sagte er bissig. »Ich kann rausgehen, und zwar jederzeit. Ich bleibe nicht hier und hör mir das an, das sag ich dir.«

»Wenn sie zu weinen aufhört, bleibst du dann?«

»Das bezweifle ich.«

Sie nahm ihr Glas in die linke Hand und bewegte die rechte, als wäre sie steif und kalt. Ihre blauen Augen hatten zu viel Blau.

»Das hier geht mich nichts an, vergiß das nicht«, sagte Jed und ließ die flache Hand durch die Luft sausen. »Hat nichts mit mir zu tun. Aber eins sag ich dir ... Warum versuchst du nicht, ein bißchen nett zu sein?«

»Nett?«

»Hör auf, *mich* anzugrinsen. Nett zu der Kleinen da drin. Bist du blöd? Was vergeude ich eigentlich meine –«

»Wir sind verabredet, oder?« begann sie. »Du hast mich gebeten –«

Aber Jed dachte daran, wie diese kleine Kehle schmerzen mußte. Seine eigene Kehle fühlte sich wund an. Er grollte: »Sorg dafür, daß sie still ist. Sorg dafür, daß sie zufrieden ist. Los.«

»Und wenn ich's tue?«

»Wenn du's tust«, sagte er ziemlich verzweifelt, »tja ... vielleicht können wir dann noch in aller Ruhe was trinken, bevor ich gehe.«

Das Mädchen drehte sich um, stellte ihr Glas ab, ging zur Tür und öffnete sie leise. Sie fügte sich. Sie verschwand in der Dunkelheit.

»Ich fürchte«, sagte Lyn, »Mr. Towers muß wieder weggegangen sein. In seinem Zimmer nimmt niemand ab.«

»Ich kann nur sagen, daß ich ihn nicht gesehen habe, Miss.« Der Mann hinter dem Empfangspult des Majestic war nicht furchtbar interessiert.

»Aber Sie haben ihn doch vor kurzem kommen sehen?«

»Ja, das habe ich.« Er warf ihr einen gelinde irritierten Blick zu.

»Tja…« Sie wand sich unsicher.

»Eine Nachricht?« schlug er höflich vor. Sie war ein süßes Mädchen, schmuck und niedlich in dem hellblauen Mantel mit den großen Messingknöpfen. Und sie wirkte beunruhigt.

»Ja, ich könnte einen Zettel hinterlassen.«

Er wies ihr den Weg zu einem Schreibpult in der Eingangshalle, indem er mit einem Bleistift zwischen einen Pfeiler und eine Palme deutete.

»Ach so, ja. Danke.« Lyn setzte sich an das Schreibpult, klemmte ihr Täschchen unter den linken Unterarm. Sie verrückte leicht den Stuhl, so daß sie eine Stelle im Auge behalten konnte, die jeder, der das Hotel Majestic von der Straße her betrat, passieren mußte.

Sie dachte, er müsse wieder weggegangen sein, vielleicht durch die Bar. Sie hoffte, er machte nicht jetzt noch ihre Familie rebellisch. Sie selbst traute sich nicht, zu Hause anzurufen. Wenn sie nicht wußten, daß sie allein war, um so besser. Sie würden Zustände bekommen, dachte sie. Zustände. Aber… egal. Zu blöd, wenn sie sich aufregten, aber ihr konnte doch eigentlich nichts passieren, und sie würden ihr verzeihen und vielleicht sogar genug Vertrauen zu ihr haben, um sich nicht allzu viele Sorgen zu machen.

Das war etwas, was sie selbst klären mußte. Ihre Familie neigte dazu, allzu blind für sie Partei zu ergreifen. Jeder Mann, so würden sie annehmen, der so unbedarft war, mit ihrem Liebling zu streiten, wäre niemals ihrer Bemühungen wert, die Sache beizulegen.

Aber ich habe vielleicht unrecht, dachte sie, den Tränen nahe.

Nein, sie konnte noch nicht gleich heimgehen. Sie würde für eine Weile allein bleiben, vielleicht sogar so lang, wie eine Verabredung gedauert haben würde. Denn das war wichtig. Sie wußte es. Es wäre schwierig zu erklären, wieso und warum... peinlich... vielleicht unmöglich. Sie mußte es allein klären.

Jedenfalls glaubte sie nicht, daß Jed zu ihrer Wohnung gehen würde. Das wäre eine Kapitulation. Er war nicht der Typ. Er war ziemlich stolz.

War sie denn der Typ, der ausharrte? Na gut, dachte sie eigensinnig, ich bin jedenfalls nicht der eingeschnappte Typ Frau, die, ob im Recht oder im Unrecht, herumhockt und darauf wartet, daß der Mann mit dem Hut in der Hand ankommt, wie die doofen Heldinnen alter Romane, die bis an ihr Lebensende eingeschnappt waren und warteten.

Ach was, keiner war ein bestimmter Typ! Hier ging es um Jed und Lyn, und das mußte auf der Basis geklärt werden, daß sie einzigartig und lebendig waren, und es mußte *jetzt* geklärt werden. Morgen würde das Flugzeug...

Wo immer er war, er würde hierher zurückkommen. Er hatte sich nicht abgemeldet. Es war alles so kindisch... Soviel war ihr immerhin klar.

»Lieber Jed«, schrieb sie. »Es war alles so kindisch...« Sie sah zu, wie ein Mann und eine Frau die Eingangshalle durchquerten. »Und ich möchte nicht, daß du in den Westen gehst, in der Meinung, daß ich...«

Tue ich das, fragte sie sich, weil ich eitel bin? »In der Meinung, daß ich...« was? Wie hatten zwischen ihnen so bittere Worte fallen können? Weil sie auf einer hohen Woge romantischer Hoffnung geschwommen und so grob heruntergezogen worden war? Vielleicht gäbe es für ihn nie eine solche Woge. Nein, nein. Das war ein Gedanke für eingeschnappte Typen, die Befürchtung, eitel zu *wirken*. Sie *hatte* gewußt, daß Jed sie mochte. Sie hatte *Grund* zu der Hoffnung gehabt, er würde es sagen oder noch mehr sagen. Nichts gegen diese umgekehrte Form von Eitelkeit.

Sie zerriß das Blatt und schrieb erneut: »Lieber Jed: Ich habe versucht, dich zu erreichen, weil –« Eine Träne fiel, und die Tinte verwischte sich, und sie dachte, o nein... nur das nicht! Das würde ihn vielleicht amüsieren!

Würde es das? Lyn saß lange Zeit da, die Hände ruhig auf dem Schreibpult. Sie klärte es. Es stimmte. Sie war in Jed Towers verliebt... verliebt genug, um auf ihn einzuschlagen, derart wütend zu werden, so betroffen zu sein.

Es stimmte. Sie hatte gedacht, er würde sie heute abend vielleicht bitten, ihn zu heiraten. Sie waren zusammen gewesen, zusammen... bis der alte Mann das alles ausgelöst hatte.

Und es stimmte. Sie hätte ja gesagt. Mit Freuden ja. Ja, ob Recht oder Unrecht. Ja, vielleicht bloß wegen seines Mundes.

Und sie hatten sich gestritten.

Aber es stimmte *nicht*, daß sie ihn für einen billigen Zyniker hielt. Er war... auf der Hut. Ja, das war er. Und er redete zynisch daher. Zum Teil war es ein simples Wiedergeben – dessen, was er um sich herum sah. Zum Teil war es Abwehr... oder so etwas Ähnliches. Aber es war Gerede. Die Leute wissen nicht immer, was sie sind. Sie reden sich viel *ein*. Sie dachte, ich kann aber auch wirklich eklig sein. Wenn ich glaube, muß ich auch

74

handeln... oder alles, was *ich* gesagt habe, war bloß Gerede.

Und so klärte es Lyn mühsam. Wer immer damit angefangen hatte, worauf es auch immer hinauslief, es stimmte auch, daß sie diejenige gewesen war, die weggegangen war und die Verbindung gekappt hatte, und davon (hatte sie jedenfalls immer gesagt) hielt sie nichts.

Na schön. Sie verschränkte die Hände. Es war wichtig. Von dieser Woge würde sie ihr Leben lang wegtreiben. Und mit Eingeschnapptsein war es nicht getan.

Aber was konnte sie auf ein Stück Papier schreiben? Wenn er bloß käme. Leute durchquerten die Eingangshalle, er war nicht darunter. Morgen, dieses Flugzeug... Vielleicht würde er sie anrufen. Nein, es ging so früh. Sie konnte ihn in dem Brief darum bitten. Alle ihre Gedanken zersplitterten. Die Dämmerung war eine so kühle Zeit.

Sie nahm den Füller zur Hand. »Lieber Jed, ich kann dich nicht gehen lassen –« Aber du kannst ihn nicht zurückhalten, Lyn. Er ist nicht der Typ. Vielleicht war er nur etwas Bezauberndes und Erregendes, das durch dein Leben huschte, und als was du, für ein Weilchen, in seinem vorkamst, wirst du nie erfahren. Man hätte herausfinden könncn, ob es irgendeine Bedeutung gehabt hatte, aber nun nicht mehr – zu spät. »Mißverständnis«, schrieb sie verzweifelt. Es war zu spät. Sie sollte nach Hause gehen.

Was kann ich sagen?, fragte sie sich. Was kann ich tun? Wie kann ich nach Hause gehen?

Raus hier, Towers. Nichts wie raus hier. Und vergiß es. Laß es sein. Jed schenkte seinem Selbstgespräch keine Beachtung. Er setzte sich auf ein Bett. Unter den in Worte gefaßten Gedanken liefen unbehagliche Bilder ab. Und wenn das Kind nun lange weinte und er es in seinem Zimmer hören konnte? Wie sollte er denn den empörten Gast spielen, sich beschweren, irgend etwas dagegen tun? *Er* war blöd gewesen. Nell, die Babysitterin, hatte bereits einen kompletten Esel aus Towers gemacht. Diese Empfindung erreichte die Ebene der bewußten Formulierung. Er schaute in sein Glas und bedachte diesen Stand der Dinge.

Als Nell mit dem Kind auf dem Arm zurückkam, wußte er warum. Sie traute ihm zu, daß er sich davonschlich. Er blieb ruhig sitzen, wo er war. Es war ihm nicht ganz unlieb. Er wollte dabei sein, wenn sie das Kind beruhigte.

»Es ist dumm, wenn du Angst hast. Brauchst vor nichts Angst zu haben«, sagte Nell unwirsch. »Fang bloß nicht wieder an zu heulen. Soll ich noch eine Geschichte vorlesen?«

»Nein«, sagte Bunny. Im Moment weinte sie nicht richtig, sondern wurde nur von einzelnen Schluchzern geschüttelt. Es war eine Reaktion, die sie nicht unter Kontrolle hatte.

Nell stellte sie auf die bloßen Füße. Drei merkwürdig ungleiche Menschen sahen einander ziemlich hilflos an.

»Weißt du, du hast mich fast zu Tode erschreckt«, sagte Jed mit freundlicher Stimme zu dem Kind. »Und Nell auch. Deshalb war Nell böse.«

»Sie war... zu... böse«, sagte Bunny so gut sie konnte.

»Das war sie allerdings«, stimmte er grimmig zu.

Nell sah so aus, als wolle sie entrüstet aufbrausen, tat es aber nicht. »Bist du jetzt O.k.?« Ihre Stimme war gereizt. »Heulst du jetzt nicht mehr?«

Bunny war sich nicht sicher genug, um es zu sagen. Ihre Augen gingen von einem zum anderen.

»Ich bin ein Freund von Nell, hab kurz bei ihr vorbeige-schaut«, sagte Jed und spürte, wie er rot wurde. Warum er sich vor dieser halben Portion zu rechtfertigen versuchte, wußte er nicht recht. »Du solltest schlafen, denk ich«, fuhr er linkisch fort. »Wie alt bist du?«

»Neun.«

Neun. Wie war es, neun zu sein? Jed konnte sich nicht erinnern. So langsam vernebelten die Drinks seine Betrof-fenheit leicht. Er empfand die Ereignisse allmählich als weniger vernichtend, als ginge sein Ich irgendwohin und legte sich nieder.

»Mir ist zu heiß«, sagte Bunny. »Ich bin ganz klebrig.«

»Dann komm hier rüber.« Nell ging zu den Fenstern. »Wir lassen ein bißchen kühle Luft auf dich wehen. Dann wird dir kühler. Dann kannst du wieder schlafen gehen.« Sie nickte altklug. Sie zog die Jalousie hoch. Sie schob das Schiebefenster hoch.

Jed zuckte rasch aus dem Blickfeld der Fenster. Er tastete mit dem Rücken nach dem Kopfteil. Er goß sich noch einen Drink ein. Das Eis war ganz da drüben. Dann eben kein Eis. Weil er nicht vor den Fenstern vorbeigehen würde. War wie in einem Goldfischglas hier. Er wußte es. Und genau da hast du deinen Fehler gemacht, Towers.

»Siehst du die Dame, Bunny?«

Die Antwort bestand in einem Schniefen und Schau-dern.

»Ich sehe einen Mann da unten. Er spielt Karten.«

Jeds warmer Drink war widerlich.

»Ich glaube«, fuhr Nell fort, »da ist ein Kätzchen unter dem Tisch.«

»Was« – Schniefen – »für ein Tisch?«

»Da unten. Der Kartentisch.«

»Ich seh keinen...«

»Vielleicht ist es kein Kätzchen. Aber es sieht aus wie ein Kätzchen.«

»Ich hab eine Katze«, sagte Bunny. »Ist das Kätzchen gestreift?«

»Nein.«

»Ist es grau?«

»Vielleicht.«

Miss Eva Ballew schrieb auf Briefpapier des Hotels Majestic in ihrer schwungvollen Handschrift: »...scheint hier im Hotel ein Kind zu weinen, und ich bin so beunruhigt, ich hoffe, du kannst verstehen, was ich schreibe, da ich in meinem vorhergehenden Satz zwei Prädikate und kein Subjekt zu haben scheine! Meine Liebe, diese Reise –«

Ihr Füller hielt inne. Das Kind hatte zu weinen aufgehört. Gott sei Dank, dachte Miss Ballew. Doch nun wirkte die Nacht leer. Sie duckte den Kopf so weit, daß sie unter der Jalousie hindurch kurz hinaussehen konnte.

Der Füller fuhr fort: » – war wirklich ein Erlebnis für uns Lehrer, daß wir hier im Osten so viele historische Stätten besucht haben...« Das war kein Satz.

Sie legte plötzlich den Füller hin und duckte sich erneut, um hinauszublicken, über den dunklen Schacht des Innenhofes hinweg.

»Ich seh«, sagte Bunny, »überhaupt kein Kätzchen.« Ihre Zöpfe hingen baumelnd vorn herunter.

»Du schaust auch nicht richtig...« sagte Nell sanft. »Aber jetzt weinst du nicht mehr, oder?«

Jed sah zu der Eisschale hinüber. Er stand auf. Warum mußte sie die verdammte Jalousie hochziehen? Sollte er es wagen, hinüberzugehen? Gab es überhaupt jemanden, der das alles mitbekam? Er könnte genausogut von hier verschwinden, ohne daß ein Gast ihn sah...

Als er den Kopf umwandte, entfiel ihm die Frage. Er stand ganz still, rätselte, was da nicht stimmte. Ihm war ganz eindeutig so, als stimme etwas nicht. Bunny kniete auf der Heizkörperabdeckung. Nell saß da, neben ihr. Nells Hand lag flach auf dem kleinen Oberkörper in dem rosa Musselin mit Zweigmuster – *Ihre Hand war flach!*

Und im Zimmer war ein wildes Pochen.

Miss Eva Ballew, die hinauslugte, schrie auf. Niemand hörte sie, denn sie war allein. »Nein!« sagte sie. Dann, wimmernd: »O nein! Bitte!«

Jeds Nacken prickelte. Mußte sein eigener Puls sein, der dieses Pochen hervorrief. Trotzdem, es war unerträglich. Er setzte sich leise in Bewegung, mit der Geschwindigkeit und Gewandtheit der Jungen und Kräftigen.

»Ganz unten unterm Tisch?« fragte Bunny.

»Ganz unten...« flötete Nell. »Ganz, ganz unten. Ob du jetzt wohl still bist?«

Bunny schrie.

Jed, die Finger um den kleinen, braunen Knöchel gepreßt, fing ihren vornüber kippenden Körper mit einem Arm ab und sagte atemlos: »Entschuldige. Solltest dich nicht so hinauslehnen, um Himmels willen. Ich *mußte* zupacken.«

Nells Gesicht drehte sich, kippte nach hinten. Sie wirkte schläfrig und gleichmütig. »Was?« murmelte sie. »Was ist denn?«

Jed hatte die Kleine. »Komm lieber weg hier«, sagte er zu ihr. »Du erkältest dich noch.« Er spürte den ganzen Arm, der Bunny hielt, leise zucken. Er drückte sie, so sanft er es vermochte. »Tut mir leid, Schätzchen, wenn ich dich erschreckt habe. Das Problem ist, du hast *mich* schon wieder erschreckt. Und wie. Schrecklich weit bis da unten – ziemlich harte Landung.«

Bunny, die in ihrer Überraschung einmal aufgeschrien hatte, fing nicht an zu weinen. Ihr Gesicht war bleich. Ihre großen, dunklen Augen schienen sich abzuwenden und ihre eigene Erkenntnis zu bewahren. Jed sagte: »Du frierst. Du zitterst. Bist du denn nicht müde jetzt?«

Bunny nickte. Sie wand sich aus seinem Arm. Ihre Füße trafen auf den Teppich. Sie sah ihn ernst an. »Ich kann allein ins Bett gehen«, sagte Bunny O. Jones.

Miss Ballew richtete ihren verkrampften Körper auf. Ihr Herz flatterte noch von ihrer alten Schwäche, der prompt einsetzenden körperlichen Übelkeit der Angst. Sie spürte ihre pochende Kehle. Aber was ging da drüben eigentlich vor? Ihre fahlen Lippen strafften sich. Sie hatte den Mann sagen hören: »Zieh die Jalousie runter!«

Es sollte also geheim bleiben, und es war männlich, und es war, vielleicht, böse? Sie konzentrierte sich auf ihren Brief. »Und selbst in dieser verderbten Stadt«, schrieb ihr Füller endlich, zu zittrig.

»Zieh die Jalousie runter!«

Nell saß noch am Fenster, wirkte immer noch verträumt. Sie streckte sich gehorsam, und Jed fand, daß das geschmeidige Recken ihres gekrümmten Rückens und ihr auslangender Arm etwas Schlangenhaftes hatten.

Er stand an der Tür von 809, durch die Bunny marschiert war. 809 war ruhig ... dämmrig und ruhig da drin. Und so schloß er sanft die Tür.

Bunnys steife Nackenmuskeln entspannten sich ein wenig. Der Kopf begann das Kissen einzuknautschen. Die Augen waren weit geöffnet. Die Hand griff nach dem kleinen Plüschhund und stopfte ihn unter das steife Kinn. Der Hals streifte das flauschige Spielzeug in einem tiefen, mühsamen Schlucken.

Jed wirbelte herum. Du bist bekloppt, Towers, sagte er sich wütend, in Gedanken die Worte gebrauchend, um die Bilder auszulöschen. Du mußt bekloppt sein. Wie kommst du bloß auf eine so bekloppte Idee? Niemand stößt Kinder aus dem Fenster im achten Stock, damit sie nicht mehr weinen! Beim bloßen Gedanken standen ihm die Haare zu Berge, selbst jetzt noch. Wie kam er bloß darauf?

Er begann Eis aus der Schale zu fischen.

Auf der Ebene seines Verstandes, deren Sprache nicht der Slang war, schoß ihm durch den Kopf, daß die völlige Versunkenheit in der Gegenwart etwas Verdrehtes hat. Was wäre, wenn die Beschränkung durch die Zukunft nicht existierte? Was, wenn man nie zu sich sagte: »Lieber nicht. Sonst komme ich in Schwierigkeiten.«? Dann wäre man schon verdreht. Sprunghaft, unberechenbar ... absolut verdreht.

Er sah das Mädchen an. Sie lehnte neben ihm, betrachtete den Eiswürfel in ihrem Glas mit gelassen vergnügtem Blick. Sie schaute auf. »Du hast mehr gehabt als ich«, stellte sie fest.

»Das stimmt«, sagte Jed. Er fühlte sich vollkommen nüchtern. Das leichte Summen war weg. Er machte sich schließlich doch nicht die Mühe, Eis in sein Glas zu tun. Er würde keinen Alkohol mehr trinken, eine ganze Weile nicht.

Er gab ihr den Drink. Sie setzte sich, hielt sich an seinem warmen Glas fest. Er wurde das Nachflimmern knapp vermiedenen Grauens auf seinen Nerven nicht los. Quatsch, Towers. Vergiß es. Sie war unvorsichtig. Niemand kommt auf eine solche Idee. Sie hat einfach nicht aufgepaßt, was sie da macht.

»Ich glaub, ich hab nicht aufgepaßt«, sagte Nell mit leichtem Achselzucken.

»Bist du Gedankenleserin?« Er sank auf den Ellbogen. »Jetzt hast du schon ein paarmal praktisch das gesagt, was mir auf der Zunge lag.«

Sie gab keine Antwort.

»Aber du hättest sie wirklich fest am Hosenboden packen sollen oder so was. Weißt du nicht, daß das gefährlich ist?« Wenn die Zukunft in deinem Denken nicht funktionierte, würdest du nicht einmal dieses Wort kennen, dachte er. Gefahr hätte keine Bedeutung. Oder doch? Er schauderte. Seine Gedanken schweiften ab.

Wenn es so etwas wie Telepathie überhaupt gab, dann würde es doch in beide Richtungen funktionieren. Wenn sie seinem Verstand einen Gedanken entreißen konnte, dann könnte er ihr vielleicht auch einen entreißen. Oder nicht? Hatte er das nicht schon? Hör mal, Towers, nun werd nicht bekloppter, als es sein muß! Gedankenlesen, auch das noch! Brich deine Zelte ab... Hau ab.

Aber er suchte nach Beschwichtigung. Ihm fiel etwas ein. Er sagte: »Du hast also wegen des Kindes nicht mit mir tanzen gehen können?« (Du hast dich also doch verantwortlich gefühlt?)

»Onkel Eddie ist im Fahrstuhl.«

»Wie?«

»Er hätte mich erwischt, wenn ich ausgegangen wäre«, sagte sie gelassen. »Er läßt mich nie.«

»Dein Onkel? Onkel Eddie bedient einen Fahrstuhl? Hier im Hotel?«

»Ja.«

»Ach so.« Jed überdachte diese Information. »Er hat dir wohl den Job besorgt, wie?«

»Ja«, sagte sie mit müder Verachtung, »meinen wundervollen Job.«

»Du magst ihn nicht?«

»Was gibt's da zu mögen?« sagte sie. Und er sah ihr die Antwort in den Sinn kommen. Er sah sie! Er *las* sie! Da gibt's allerdings dich, dachte Nell.

Er schloß die Augen und schüttelte den Kopf. Von wegen. Aber er überlegte, und alles in allem glaubte er, sich erleichtert zu fühlen. Die Zukunft hatte funktioniert. Oder etwa nicht? Wenn sie zu Eddie im Aufzug vorausdachte?

Seine Gedanken sprangen zu seiner eigenen Zukunft. Morgen früh im Flugzeug. Morgen nacht, einen Kontinent entfernt, auf einen unheimlichen Abend zurückblickend, der so ziemlich vorbei war, wie er annahm. Zeit zu gehen.

Seine Wut war weg. *Er* dachte in der Zukunft, wie er zurückblicken und zu jemandem sagen würde: »Und *was* für eine Babysitterin! Das war vielleicht ein Weibsbild! Total plemplem!« würde er sagen. Wenn er überhaupt etwas sagen würde.

»Tja«, meinte er. »Nell, ich sag dir was. Es hätte ganz lustig sein können. Wir werden's nie erfahren. Alsdann,

auf den Abend. Hoch die Tassen und dann auf Wiedersehen. Sehen wir uns mal in Südamerika?«

Er grinste. Ihre Augen waren zu blau, nicht von der
Qualität des Blaus her, sondern von der Quantität. Seltsame Augen...

»Du gehst nicht«, sagte sie, ohne im geringsten die
Stimme zu heben. Es war nicht einmal ein Widerspruch.
Sie sagte das einfach, als wäre es so.

8. Kapitel

Das ungeschriebene Gesetz, demzufolge zu gebratenem Huhn Erbsen gehören, war an diesem Abend nicht mißachtet worden. Peter deutete mit der Gabel darauf und zwinkerte. Er aß nicht richtig.

Ruth konnte nicht mehr essen als er. Sie stocherten darin herum und taten so, als ob. Aber, dachte sie, es war auch niemand zwecks Nahrungsaufnahme hier. Das Essen marschierte sozusagen in gesetzter Ordnung vorbei, völlig konventionell, ohne Überraschungen, so daß nichts daran den eigentlichen Zweck des Banketts störte. Sich zu zeigen, am allgemeinen Treiben teilzunehmen, sich vorzustellen ... etwas herzumachen, seinem Tischnachbarn zu schmeicheln. Ach, es machte schon Spaß!

Aber nun waren sie fast mit dem Eis fertig. Sie waren beim Kaffee ... am Ende der Reihe. Peters Konversation mit seinen Tischnachbarn war langsam abgeflaut. Er brachte immer weniger Worte heraus.

Ruths Nerven spannten sich im gleichen Maß wie die seinen. Sie ließ sich ein wenig Eis im trockenen Mund zergehen. Peter trank jetzt öfter winzige Schlückchen Wasser.

Von Zeit zu Zeit wurde das allgemeine Treiben und vorgebeugte Plaudern für Ruth leicht unwirklich – immer dann, wenn Bunny ihr in den Sinn kam. Es war ein wenig bedrückend, daß auch ihr Bild von Bunny im Bett verwakkelt und unwirklich war. Bunny, sagte sie sich, Worte bildend, als ob die Worte Macht hätten, schlief fest.

Ebenso fest, als läge sie zu Hause im Bett. Bunny war doch wirklich! Bunny war dort, behütet und geliebt. Aber diese Hotelzimmer, diese Formeln, umgaben sie nicht mit derselben Geborgenheit wie zu Hause.

Ach was! sagte sich Ruth.

Dennoch, es war eine große Stadt, riesig und unbekannt, und die West Side schien von der East Side, wo sie waren, getrennt... schien weit weg.

»Ich möchte gern bald im Hotel anrufen«, murmelte sie Peter zu. »Wo sind die Telefone?«

»Hab sie beim Reinkommen gesehen«, sagte Peter. »Um die Ecke, an den Spiegeln vorbei...« Er stocherte in seiner Eiscreme. Der Toastmeister plauderte immer noch friedlich.

»Meinst du, ich hab noch Zeit?« hauchte Ruth. Am Rednertisch waren sie denkbar weit von der Doppeltür zu dem verspiegelten Vorraum entfernt, hinter dem die Telefone waren. Wie auf dem Laufsteg, in meinem Roten, dachte Ruth. Auffällig. Peter konnte *jetzt* nicht gehen.

Der Toastmeister regte sich auf seinem Stuhl. Er schlürfte seinen Kaffee. Ruth spürte sämtliche Muskeln Peters zucken. Denn der Toastmeister schaute zu ihnen herüber und nickte kaum merklich. Es war eher ein Nicken mit den Augen als mit dem Kopf.

Unmerklich nickte Peter zurück. Der Toastmeister schob mit den Hüften, und sein Stuhl begann nach hinten zu rutschen.

Nicht jetzt! Keine Zeit jetzt! Ruth würde danach anrufen. Nachdem der Mann gesagt hatte, was immer er sagen würde. Noch später, weil dann unmittelbar Peter dran sein würde!

Es wäre gut, später anzurufen, wenn diese Spannung weg war. Und alles klar war. O ja, das wäre viel besser.

Es gab ohnehin keinen Zweifel, daß Bunny fest schlief. Ruth mußte jetzt das Kinn heben und den Kopf drehen und liebevoll dem Redner des Abends lauschen. (Was würde er nur sagen. Oh, *Peter*!)

Bunny war neun und mittlerweile bestimmt fest eingeschlafen.

Der Toastmeister erhob sich wie das Schicksal selbst. Ruth ließ ihr Glas los und fiel mit kalten Händen in das Klatschen der Menge ein. »Ich bin froh«, sagte der Mann, »hier zu sein...« Wen interessiert schon, wie froh sie sind? Immer so *froh*! Sie konnte jedes winzige, pfeifende Atemgeräusch des Toastmeisters hören. Peter hatte sich leicht auf seinem Stuhl gedreht, als sei das faszinierend, habe aber überhaupt nichts mit ihm zu tun...

»Und ich freue mich besonders«, sagte der Mann, »diese Gelegenheit zu haben...« Sie freuten sich immer so.

Ruth lächelte schwach und ließ die Finger an ihrem Wasserglas spielen. Sie mußte die vollkommene Zuversicht vermitteln, die sie spürte, die so wahrhaft unverrückbar unter ihrem pochenden Herzen lag...

Jed wehrte sie ab, und das war Balsam für seine Seele. Es war eine süße Rache am ganzen weiblichen Geschlecht, das ihm den Abend vermasselt hatte. Er lachte sie aus. Er hielt sie an den Ellbogen auf Armeslänge von sich. »So automatisch funktioniert das nicht, Herzchen«, sagte er. »Ich weiß es. Es gibt auch die gegenteilige Meinung. Aber schreib dir eins hinter die Ohren. Manche sind eben wählerisch.«

Ihre Raserei brachte ihn zum Lachen, und er ließ sich wieder gegen das Kopfteil sinken. »Zeit, Ort und Mädchen«, spottete er. »Das alles suche ich mir selber aus, und hier stimmt *nichts* davon, Schätzchen.«

Sie sah aus, als würde sie gleich losschreien. Aber dann verschloß sich ihr Gesicht, nahm diesen schläfrigen Ausdruck an. Sie lehnte sich schwer in seinen Griff, nunmehr schlaff, mit nichts als ihrem Gewicht.

»Deshalb sag ich tschüs, Nell«, blaffte er, sie argwöhnisch musternd. »Kapiert?«

Das Verdrehte an ihr, das ihn, wie er mittlerweile wußte, ursprünglich angezogen und dann beklommen gemacht hatte, kam ihrem Willen ins Gehege. Sie war nicht schläfrig. O nein! Mittlerweile wußte er, daß der träumerische Blick bei ihr ein Gefahrensignal war. Vielleicht schlief ein Teil von ihr ein. Vielleicht war es der Teil, der die Zukunft ins Kalkül zog.

Er setzte sich auf, stieß sie mit steifen Unterarmen von sich. Es tat ihm ein bißchen leid, daß er sich zu diesem Lachen hatte hinreißen lassen. Er fragte sich, wie er eigentlich ohne Krach, ohne, na ja, allzuviel Wirbel hier rauskommen sollte. Er sagte ruhig: »Es tut mir wirklich leid, aber ich muß gehen. Ein andermal, Nell.«

Sie schien nichts zu hören. Dann schien sie etwas zu hören, nicht seine Stimme, sondern etwas weniger Lautes und weniger Nahes. Ihre Pupillen wanderten in die rechten Augenwinkel.

Er hörte es auch. An der Tür von Zimmer 807 ertönte ein diskretes Klopfen.

Au wei! Abgang Towers! Jed murmelte leise: »Ich verschwinde da drüben, durchs Kinderzimmer.«

»Nein.« Sie sprach nicht lauter als er, kein Flüstern, nur

ein beinahe stummes Bewegen der Lippen. »Das läßt du.«
Die Worte standen klar und unnachgiebig auf ihrem kleinen
Mund.

»...mich finden«, sagte er auf die gleiche Weise, »ver-
lierst du deinen Job.«

Das Klopfen wurde leise wiederholt. Es würde hartnäk-
kig, beharrlich weitergehen. Es war geduldig.

Nells Gesicht leuchtete boshaft vergnügt auf. »Nein,
nein. Ich sag... du bist gewaltsam eingedrungen. Ich sag,
du... wolltest was von mir.«

Jeds Augen flackerten. Das würde die. Das würde die
glatt! Er war ganz sicher, daß sie das tun würde. Aus Jux!
Aus schierer, verdrehter Bosheit. Und wenn sie's täte, im
Zweifelsfall glaubte man der Frau.

»Warte«, sagte sie. »Ich weiß, wer es ist.«

Ihr fast lautloses Gespräch fand in einem Abgrund von
Stille statt, der unheimlich war. Das Zimmer umdrängte sie
mit Stille. Am Fuße des Gebäudes gab die Stadt Laut, aber
hier, hoch oben, sprachen sie ohne Stimmen an einem
lautlosen Ort. Obwohl jemand in leiser Hoffnung an die
Tür klopfte.

»Wer?« Jed war starr vor Schreck. Wie zum Teufel sollte
er aus diesem Schlamassel rauskommen? Was sollte er tun?

»Es ist Onkel Eddie. Ich kann ihn abwimmeln.«

»Ich kann verschwinden«, gab Jed durch Gesten zu
verstehen. Sein Blick war düster.

»Nein.« Sie wußte, ihr verdrehter Wille hielt ihn fest.

»Was dann?« Er knirschte mit den Zähnen.

»Da rein. Sei still.« Sie wollte, daß er sich im Badezimmer
versteckte.

Er stand langsam auf, ließ sie los. Er könnte sie zur Seite
schubsen. Er könnte schnell ins Kinderzimmer kommen.

Und sie machte den Mund auf.

Jed schindete Zeit, indem er die Flasche an sich nahm und in der Tasche versteckte. Rasch drückte sie ihm das Glas in die Hand. Und dann hatte sie ihn beim Ellbogen. Sie drängte, führte.

Das Klopfen verstummte. »Nell?« sagte jemand sanft und eine Spur ängstlich. »Nell?«

Nell sagte: »Wer ist da?« Ihre Stimme schien sich gähnend zu dehnen. Aber ihre Augen beobachteten Jed, und in ihrem Gesicht arbeitete es. Sie würde todsicher Stunk machen... todsicher!

»Ich bin's, Onkel Eddie. Geht's dir gut?«

Nells Brauen sprachen mit Jed. Zogen ihn auf. *Na?* fragten sie. *Soll ich?*

Er knurrte, mit tief in der Kehle erstickter Stimme. »O.k. Mach's kurz.« Er ging ins Badezimmer und schob die Tür hinter sich zu, aber nicht ganz.

»Mensch, tut mir leid, Onkel Eddie. Ich muß wohl geschlafen haben«, hörte er sie gähnend sagen.

Towers stand im Badezimmer und verfluchte in Gedanken Towers. Was hatte sie eigentlich, ihn behext? So eine blöde, mistige Situation. Er schaute auf seine Uhr. Er sagte sich, sobald Onkel Eddie weg ist, verschwinde ich. Mein lieber Mann, und wie ich verschwinde. Ich hau ab wie nichts. Ohne ein Wort würde er gehen. Ohne eine überflüssige Bewegung.

Du hast doch schon Weiber aufgabelt. Hin und wieder. Im Zug. Vielleicht in einer Bar. Manchmal wurde so was gar nicht schlecht. Wenn's mies war, bist du verduftet. Kaltblütig. Du hast dich ganz schnell abgesetzt.

Wie kam es, daß Towers sich hinter einer Tür versteckte?

Er setzte sich auf den Badewannenrand, um zu warten, fluchte vor sich hin, probte in Gedanken seinen schnellen Abgang.

Lyn wandte sich von den Telefonen ab. Keine Antwort. Ich rauche noch eine Zigarette, nur noch eine. Ich warte noch zehn Leute von draußen ab, nur noch zehn. Ich kann einen besseren Brief schreiben. Ich weiß, daß ich es kann. Ich kann es versuchen.

9. Kapitel

Eddie sah seine Nichte im Negligé an, und sein Blick war enttäuscht. Er sagte: »Ich bring die Cokes.« Enttäuschung machte seine Stimme trübe. Er hatte die Flaschen in den Händen, und er ging zum Schreibtisch und stand da, auf das Tablett, die Schale mit schmelzendem Eis und Nells Glas hinabschauend. »Was ist denn das?« Drei Zentimeter Rye und Ginger Ale waren im Glas übrig.

Nell sagte: »Du hast lang gebraucht, Onkel Eddie. Ich hab Durst bekommen. Ich spül das eben aus.« Sie nahm ihm das Glas aus der widerstandslosen Hand. »Ich hab Ginger Ale bestellt«, sagte sie trotzig zu seinem beunruhigten Blick. »Mrs. Jones hat gesagt, ich dürfe.«

»Das war nett von ihr«, sagte Eddie.

»Willst du ein Bonbon?« fragte Nell munter über die Schulter. »Sie hat gesagt, ich dürfe mir davon nehmen.«

»Ich glaub, ich mag keins«, sagte Eddie. »Danke.« Sein trübe starrender Blick schweifte durchs Zimmer.

Nell stieß die Badezimmertür auf. Sie ging zum Waschbecken und schwenkte das Glas aus.

Nicht einmal im Spiegel erwiderte sie Jeds Blick. Es gab nicht eine Geste, nicht ein Zwinkern, nicht ein Anzeichen dafür, daß sie überhaupt wußte, daß er da war. Jed spürte sein Blut wallen. Es war ein Mißbrauch von Macht. Ein leichtes Grinsen, ein winziger Blick, ein Wink, daß sie gemeinsame Sache machten, um diesen Eddie reinzulegen, hätte ihm die Sache irgendwie erleichtert. Aber woher denn! Sie hatte ihn in diese Bredouille reingeritten, und jetzt ließ sie ihn darin schmoren. Er hätte sie prügeln können. Er knirschte mit den Zähnen. Schöne Babysitterin!

Eddie sagte: »Schläft die Kleine? Ich seh, du hast ihre Tür zugemacht.«

Nell kam aus dem Badezimmer und zog die Tür hinter sich zu. Sie hätte sie geschlossen, aber Jed konzentrierte seine Kraft auf den inneren Türknauf, und sie zerrten heimlich und leise, und sie unterlag.

»Würdest du's hören, wenn sie weint oder so was?« sagte Eddie mit besorgter Stimme.

»Das Licht hat sie gestört«, log Nell seelenruhig.

»Jetzt wo sie schläft, stört sie's wohl nicht mehr.« Eddie drehte sanft den Knauf, bis der Riegel aufschnappte. »Ich glaub, Mrs. Jones wär's lieber, wenn's ein kleines bißchen offen wär, Nell.«

»O.k.«, sagte sie gleichgültig. Sie wartete auf das Coke.

»Und es wird langsam spät. Es wär besser, wenn du Mrs. Jones' Sachen ausziehst, Nell. Ehrlich, ich hab gedacht...« Eddies Adamsapfel verriet seine Gekränktheit, obgleich seine Stimme behutsam war.

»Das wollt ich doch!« Nells schöne Zähne kauten auf der Lippe. »Es war irgendwie so bequem... Ich hab mir halt Zeit gelassen...«

Sofort heiterte sich Eddies Gesicht auf. »Klar hast du's gewollt, Nell. Das weiß ich doch. Äh –« Er spielte mit einem Flaschenöffner. »Warum machst du's eigentlich nicht gleich?«

»Also gut, Onkel Eddie.« Sie setzte sich folgsam auf die kleine Bank und streifte sich die Pantoffeln von den Füßen. Eddie kramte nach ihren schwarzen Pumps, und sie zog sie an. Dann nahm sie langsam die Ohrringe ab. Sie legte sie in die Schmuckschatulle. Ihre Finger begannen andere Sachen aufzuheben, aufzuräumen, wegzulegen.

Eddies Gesicht heiterte sich auf, sein Herz wurde leichter. »So ist's recht! So ist's brav!«

Sie wandte den gesenkten Kopf, lächelte ihn an. Sie stand auf, und ihre Hände nestelten am Gürtel von Ruths Morgenmantel. Eddie schlug züchtig die Augen nieder. Nell sagte mit schamhaft und sittsam klingender Stimme: »Ich geh mal eben in den Wandschrank.«

Ihr Onkel Eddie nahm einen langen, erleichterten Schluck aus seiner Coke-Flasche.

Sie kam in ihrem eigenen, zerknitterten dunklen Kleid aus dem Wandschrank. Es hatte als Häufchen auf dem Boden des Kleiderschrankes gelegen. Doch nun machte Nell umständliche, übertrieben sorgsame Bewegungen, als sie das Negligé auf einen Bügel hängte und die Falten zurechtzupfte. »So«, sagte sie, »genau so war's. Ist das O.k., Onkel Eddie?«

Er strahlte sie an. »Das ist prima, Nell. Na denn!« Er seufzte. »Dürfte nicht mehr lang dauern, bis sie zurückkommen, weißt du. Aber du bist soweit.«

»Wir trinken mal lieber unsere Cokes«, sagte sie sanft. »Es sieht vielleicht besser aus, wenn ich allein hier drin bin. Meinst du nicht?«

»Du hast recht«, sagte er. »Ja, du hast recht. Ich hab ihnen gesagt, ich würd mal reinschauen, aber es wär wirklich besser, wenn sie zurückkommen, und alles ist ruhig und du machst deinen Job, wie? Na dann, hier bitte. Weißt du«, sprudelte er hervor, »ich will alles für dich tun, das weißt du doch, Nell? Du weißt doch, warum ich will, daß du so einen hübschen kleinen Job annimmst. Ich will, daß du einen Start hast.«

»Ich weiß, Onkel Eddie.« Sie war die Unterwürfigkeit selbst. Ihre Wimpern waren gesenkt. Sie zeigte keinerlei Anzeichen von Ungeduld.

Er nahm ein Schlückchen. »Ich halte nämlich viel von dir, Nell. Und Tante Marie auch.« Sein Zwinkern widersprach der Beherztheit seiner Stimme. »Ich glaub, du bist lieber hier bei uns als daheim in Indiana.«

»Aber ja«, murmelte sie.

»Wenn die Versicherung für das Haus und die Möbel bezahlt hätte – aber so ist nun mal nichts übrig. Das weißt du. Deshalb würdest du von irgendeiner Fürsorge leben, bis du einen Job kriegst, und bei Dennys Tochter wär mir das gar nicht recht.«

»Nein«, sagte sie.

»Du weißt, ich hab nicht viel Geld«, fuhr er fort. »Ich hab einen festen Job. Aber du siehst doch ein, warum es gut ist, wenn du... ziemlich bald irgendwie über dieses Problem wegkommst.«

»Ich bin O.k.«, sagte sie ohne Nachdruck.

»Dir geht's *besser*. Soviel steht fest. Dir geht's ganz bestimmt viel besser.«

Sie sah ihn mit der blinden, blauäugigen Zerstreutheit an, die sie manchmal an sich hatte. »Aber die müßten zahlen«, sagte sie. »Warum können wir sie nicht dazu bringen, daß sie zahlen?«

»Ich weiß nicht, wie«, sagte Eddie unbehaglich. »Ich weiß nicht, ob wir sie je dazu *bringen* können. Verstehst du, sie behaupten, weil der Brand *gelegt* war...«

»Es war ein Unfall.« Ihre Stimme wurde höher. Und er räusperte sich nervös. »Oder etwa nicht?«

»Doch. Doch. Das hat das Gericht auch gesagt, ja. Es war ein Unfall.«

Plötzlich war ihr Gesicht ruhig, ihr Blick kalt. »Warum zahlen sie dann nicht?«

»Na ja, die Versicherung, die glaubt – weißt du was, Nell. Ich glaub, es ist das beste, das Ganze irgendwie zu vergessen. Braucht vielleicht einen Anwalt und eine ganze Menge Geld, und dann wärst du immer noch nicht sicher, daß du gewinnen kannst, verstehst du? Ich glaub, das beste ist, vergiß das Ganze und versuch, einen Start zu kriegen... So hoch war die Versicherung gar nicht. Wie schmeckt das Coke?«

»Gut«, sagte sie unterwürfig. »Und deins?«

»Prima.« Er nahm noch ein Schlückchen. Es hätte Wein sein können, denn er schien besinnlich zu werden. »Du hast einfach jemand gebraucht, der hinter dir steht«, sagte er. »Ich und Marie, wir haben das gewußt, Nell, damals. Und wir stehen hinter dir. Doch, wirklich. *Ich* versteh genau, warum du manchmal irgendwie so unruhig wirst. *Ich* mach dir keine Vorwürfe.«

»Du bist gut zu mir, Onkel Eddie.« Ihre Lippen bewegten sich kaum.

Aber er sah sehr froh aus. »Ich begreif eben, wie das ist«, sagte er eifrig. »Nach so einem schrecklichen Erlebnis kommen einem viele kleine Sachen eben ziemlich *klein* vor. Spielen keine große Rolle, wie? So ist das doch, oder, Nell?« Der kleine Mann schien den Atem anzuhalten. Jede Faser seines besorgten kleinen Wesens sehnte sich danach, eine Verbindung herzustellen, zu verstehen und verstanden zu werden.

Das Mädchen blickte nicht auf, aber es nickte.

Er schluckte und beugte sich näher heran. Er sagte sanft: »Vergiß eins nicht, Nell, dein Vater und deine Mutter machen dir keine Vorwürfe. Du darfst nicht glauben, daß sie das tun. Sie wissen, du hättest nie etwas Böses getan, Nell... ihnen nicht. Sieh mal, wo sie auch sind, sie wissen das wohl besser als wir. Und wenn sie mit dir reden könnten...«

»Ich will nicht an sie denken«, sagte sie völlig monoton. »Ich will nicht an sie denken.«

»Nein, nein«, sagte Eddie rasch. »Niemand will, daß du... daran denkst. Aber ich versuch die ganze Zeit, dir eins zu sagen, Nell. Der Arzt hat gesagt, es wär gut, wenn du wüßtest... und wo wir hier so ungestört sind, kann ich's vielleicht sagen. Ich und deine Tante Marie, wir stehen hinter dir. Wir haben Vertrauen zu dir. Wir bezweifeln keine Minute, daß du den Brand gelegt hast, als du in der Nacht schlafgewandelt bist...«

Er beobachtete ihr Gesicht. Ihre Wimpern zitterten.

»Das hat das Gericht gesagt«, meinte sie leichthin.

»Aber – aber – wein doch nicht«, flüsterte er dem tränenlosen Blau ihrer Augen zu.

»Ich weine nicht, Onkel Eddie.« Sie drehte das leere Glas in den Fingern. Sie stellte es ab.

Eddie blinzelte sich selbst die Tränen aus den Augen. Er unterdrückte das bange Flattern seines Herzens. Diese Julia, die sein Bruder geheiratet hatte, irgendwas an der hatte ihm nie gefallen. Aber sie war bestimmt nie gemein zu Nell gewesen. Denny hätte das nicht geduldet. Denny war bestimmt zu niemand gemein gewesen. Nein, nein. Es konnte keinen *Grund* geben. Sie stand immer noch unter Schock, die arme Nell. Sie *konnte nicht* weinen. Sie *liebte* sie. Sie hatte es nicht böse gemeint. Sie würde eines Tages weinen. *Ganz bestimmt* würde sie weinen.

»Hat ziemlich gut geschmeckt, oder?« sagte er munter.

Jed beherrschte seine Wut fast sofort. Er war in diese Klemme geraten, weil er sinnlos wütend geworden war, und es wurde allmählich Zeit, sagte er sich, daß Towers den Grips benutzte, mit dem er auf die Welt gekommen war. Er fand sich nüchtern damit ab, das Ende der Sache abzuwarten. Er konnte ihre Stimmen hören, und ein Teil seines Gehirns registrierte die Worte.

Aber gleichzeitig ließ er teilweise den Weg Revue passieren, den er zurückgelegt hatte. Es war ihm wieder eingefallen, das Jahr, in dem er neun gewesen war. Nicht so sehr die Ereignisse dieses Jahres, sondern dessen Stimmung. Bis dahin, sann er, war der Junge völlig an die Familie angepaßt. Er war erzogen worden. Er wußte, wie die Verhaltensregeln lauteten, soweit seine Mutter und sein Vater sie ihm beigebracht hatten. All das ging glatt, so glatt, daß er nicht viele Erinnerungen daran hatte.

Aber er trat auch mit frischer Kühnheit in die Welt hinaus, die seine Eltern nicht kannten. Er begann sich mutiger mit seinen Altersgenossen zu messen. Die Schule, die Bande, die Gesellschaft und seine persönliche Begegnung damit waren der Teil des Lebens gewesen, der voller Reiz war. Geborgenheit zu Hause und ein Zeh in den kalten Wassern der äußeren Welt, prüfend, um seine Bedeutung zu ermessen.

Ziemlich bald, erinnerte er sich, begann der Junge das Zeug aufzuschnappen, das nicht in den Benimmregeln steht. Die Mittel und Wege, die Winkelzüge, die Machenschaften, den Austausch von Einflußmöglichkeiten, das Durchlavieren, den Eigennutz aller, und wie man sich *den* zunutze machte. Die High School und einen Teil des College hindurch, und dann der Krieg und dann die abschließende, bittere Lehre des Friedens. Die ganze Zeit immer härtere Lektionen. Versuch und Irrtum. Was ging und was nicht. Lektionen in der Kunst des Möglichen. Die einem einbleuten, was möglich ist und was nicht und was sich nur ein Narr vornimmt.

Und damit hätten wir Towers. Ein junger Mann, darauf aus, ›sein Glück zu machen‹, wie es in den alten Geschichten hieß, als er neun war. Darauf aus, sein Glück zu machen, ohne einen Traum im Blick. Hatte einen verdammt guten Job an der Küste für sich ergattert. Ein paar Hebel dafür in Bewegung gesetzt. Junger Mann auf dem Weg nach oben, Platz da! Alt genug, um allmählich, wenn auch nur andeutungsweise, daran zu denken, sich eine Frau zu nehmen.

Also an Lyn dachte er, wie? Ein Traum, das? Er schob ihr Bild beiseite.

Also, hier war Towers, der morgen die ganze Mitte des Landes übersprang, sie unter seinem Flugzeug vorbeigleiten ließ, nicht vorhatte, Zwischenstation zu machen und die Familie zu besuchen. Warum nicht? Och, Geschäfte, hatte er gesagt. Das verstanden sie. Der nicht Zwischenstation machen und die blinde Liebe sprechen hören wollte, die so tat, als sei er neun.

Tja, dachte er, die Leute richteten sich wahrscheinlich in einem Schema ein, das für sie funktionierte, und dabei blieben sie dann. Und wenn sein Schema sich ein bißchen anders entwickelte, na, dann hatte es keinen Zweck zu streiten. Dad redete von Pflichterfüllung. Lebte auch danach, soweit man das beurteilen konnte. Und für ihn funktionierte es. Oder es funktionierte jedenfalls ziemlich gut. Es bildete eine Art Richtschnur, einen Prüfstein... Jed verstand das. Und Mutter redete von Liebe – *war* Liebe, verdammt. Ein bißchen wehmütig wünschte er, die

Welt wäre wirklich so, wie sie sie unbegreiflicherweise zu sehen in der Lage schienen. Wie kam es, daß sie an diesem wie immer gearteten Frieden festhalten und ihn zu einem Schneckenhaus für sich machen konnten?

Taten sie das überhaupt? Waren sie von Enttäuschungen belagert? Kauerten sie sich nur in ihrem Schneckenhaus zusammen wie Menschen in einer Festung? Er sah sie in letzter Zeit nicht oft. Es war Familientradition, nur freudige Nachrichten auszutauschen, soweit man konnte. Waren sie innerlich verzweifelt?

Er wollte nicht so denken. Er nahm an, daß man sich früher oder später durchschlug und den Kampf hinter sich brachte, wenn man das eine oder andere akzeptierte, die Scheuklappen anlegte, sie einfach anbehielt und nicht mehr hinsah.

Aber wenn man jung ist und sich auf dem offenen Markt abstrampelt, muß man sich umschauen. Jawohl. Nicht in sich hinein. Das heißt, sich nüchtern ansehen, wie die Welt funktioniert. Man wollte sich schließlich nicht herumschubsen lassen.

Ja, Towers war schon ein kluges Kind, wie er da auf der Badewanne hinter der Tür saß. Er wußte, wie der Hase lief.

Seine Kinnbacken waren angespannt. Eindeutig ein Umweg, dieser kleine Ausflug. Sieh zu, daß du weiterkommst, Towers.

Immer noch am Reden, dieser Onkel Eddie? Immer noch am Quasseln da drin?

»Und deshalb hab ich mir gedacht«, sagte Eddie gerade, »es ist das beste, wenn du's locker angehen läßt. Nimm von Zeit zu Zeit einen kleinen Job an. Die Sache ist die, Nell«, erläuterte er sein Glaubensbekenntnis, »du machst was für andere, und du machst es gut. Also bezahlen sie dich gern dafür. Dann verdienst du was. Du bist nützlich. Du mußt dich an den Gedanken gewöhnen. Nach einer Weile bist du soweit, daß du mehr machen oder was Besseres machen kannst. Du gewöhnst dich an den Gedanken. Du kommst über deine Unruhe weg.«

»Das hast du mir alles schon mal gesagt«, sagte sie. Sie baumelte mit dem Bein.

Eddie sah es und hielt an sich.

»Gehst du?« murmelte sie. Ihr Kopf sank gegen den Sessel. Sie drehte ihm die Wange zu. Ihre Augen schlossen sich.

»Ich nehm die Coke-Flaschen mit. Ich glaub nicht, daß die Jones' jetzt noch lange wegbleiben. Paar Stunden vielleicht. Müde?«

Sie gab keine Antwort. Eddie stand auf, und die Flaschen klirrten aneinander, als er sie einsammelte. Sie atmete langsam. »Ich bin im Haus«, murmelte er. Sein Blick überprüfte das Zimmer. Alles war soweit in Ordnung. Sah gut aus. Er nahm das Glas an sich, aus dem Nell ihr Coke getrunken hatte.

In seine eigenen Gedanken, seine Ängste, seine Bestrebungen, scine Gewinne und Verluste versunken, ging Eddie mechanisch in Richtung Wasserhahn, der im Bad war.

10. Kapitel

Noch bevor er im Spiegel dem entsetzten und ungläubigen Blick des kleinen Mannes begegnete, durchströmte Jeds Denken eine klare Einschätzung der neuen Lage. Das Spiel war aus, na gut. O. K. Er stand geschmeidig auf. Die verschreckten Augen folgten ihm nach oben, immer noch im Spiegel. Aber Jed lächelte.

Damit ließ sich fertig werden.

Der Verstand besitzt die eigenartige Fähigkeit, Gehörtes und zum Zeitpunkt des Hörens nicht recht Beachtetes wie ein Kassettenrecorder abzuspielen. Jed wußte sofort, daß sich mit Eddie fertig werden ließ. Und daß das auch ein Ausweg für Towers war.

Er wußte aufgrund dessen, was er aufgeschnappt hatte, daß Eddie sich seiner kleinen Nichte Nell keineswegs sicher war. Eddie hatte sich weit zum Fenster hinausgehängt, um ihr diesen Job zu besorgen. Eddie wußte, daß sie unzuverlässig war, um es milde auszudrücken, obwohl er versuchte, sich alle Mühe gab, sich einzureden, daß alles gutgehen würde. All das Geschwätz über sein Vertrauen und Verständnis, dieses ganze Gequassel war Hoffnung und Stoßgebet, nicht nur Überzeugung. O ja. Eddie war ein gewaltiges Risiko eingegangen, und Eddie war verantwortlich.

Jed brauchte sich lediglich Eddies Eigeninteresse zunutze zu machen. Ganz einfach. Jed würde sich entschuldigen. Ist eigentlich gar nichts passiert. Haben ein paar getrunken, tut mir sehr leid, Sir, würde er sagen. Ich gehe jetzt. Nichts Schlimmes passiert und Schwamm drüber. Braucht man doch kein Wort mehr drüber zu verlieren?

Jed würde es dem anderen Burschen leicht machen. Er würde sich selbst zuliebe um Stillschweigen bitten. Eddie konnte durch Großmut den Folgen seiner Torheit entgehen. Eddie würde froh sein, auf Wiedersehen und nur auf Wiedersehen zu sagen.

Tschüß, Nell, würde Jed ruhig sagen. Und wäre aus dem Schneider.

Und so stand Jed lächelnd auf, in der Gewißheit, daß er über Charme und gewinnende Freundlichkeit verfügte, wenn er beschloß, sie zu benutzen. In der Zeit, die er benötigte, um aufzustehen und den Mund aufzumachen, war der kleine Mann, wie eine Maus quiekend, zusammengezuckt und zur Tür zurückgewichen, das entsetzte Gesicht unverwandt auf Jeds hochgewachsene Gestalt in der kachelverkleideten Düsternis gerichtet. Um ihn nicht zu erschrecken, blieb Jed ruhig stehen, wo er war.

Doch Nell schnellte geschmeidig wie eine Katze durch Zimmer 807. Sie hatte den Stehaschenbecher, das schwere Ding, in den irren Händen. Sie schwang ihn hoch. Jeds Satz und Jeds erhobener Arm verfehlten den Abschwung. Das Ding krachte Eddie auf den Schädel. Der abnehmbare Teil aus schwerem Glas klirrte und dröhnte und hallte auf den Kacheln. Und Jed sagte etwas Heiseres und Wütendes und riß ihr das Ding brutal aus den Händen, und Nell plapperte ein paar schrille Silben.

Mit einemmal war der Lärm entsetzlich.

Nur Eddie machte keinen Lärm. Er sank ganz still zu Boden.

Es gab einen Augenblick, in dem alles in der Schwebe war. Dann begann in Zimmer 807 das Telefon zu klingeln, und gleichzeitig schrie Bunnys Stimme in 809 wie am Spieß. Und der Glasteil des Aschenbechers polterte, aus einem kurzen Gleichgewicht kullernd, und kullerte endlich unbeschädigt aus.

»Du!« sagte Jed undeutlich. »Also du...« Er hockte sich neben den zusammengekrümmten kleinen Körper.

Nell drehte sich um und ging zum Telefon hinüber, das aus irgendeiner Laune der Zeit heraus schon viermal geklingelt hatte.

»Hallo?« Ihre Stimme war benommen und belegt.

Jed berührte Eddies Schläfe und dann seinen Hals.

»Aber ja, Mrs. Jones«, sagte Nell. »Ich muß wohl eingedöst sein.«

Unter Jeds Fingern war ein Puls, und er hörte auf, den Atem anzuhalten.

»Sie schläft fest«, sagte Nell munter. (Und Bunny schrie unentwegt.) »Aber nein, überhaupt kein Problem. Alles ist in bester Ordnung.«

Zusammengekauert ertappte sich Jed dabei, daß er dieser Stimme zuhörte. Sie war ziemlich kühl. Bloß ein ganz leiser Unterton von Erregung. Man konnte ihn für Enthusiasmus halten. Er spürte, wie die Schreie des Kindes ihn durchbohrten, und schauderte. Er blickte auf Eddie hinab und empfand blankes Entsetzen.

»Ja, gewiß. Ist gleich nach ihrer Geschichte eingeschlafen, Mrs. Jones. Ich hoffe, Sie amüsieren sich gut.«

Den Hörer am Ohr drehte sich Nell herum, um festzustellen, was Jed machte, und ein starrer Blick war so leer wie der andere. Ihre Hand hob sich und schwebte über der Sprechmuschel.

Das Kind da drin war außer sich! Außer sich!

»Bitte meinen Sie nicht, Sie müßten sich beeilen,

Mrs. Jones«, schnurrte Nell, »mir macht es nämlich gar nichts aus – Was?«

Ihre Augen weiteten sich, während ihre Stimme Überraschung mimte. »Lärm? Ach so, Sie hören wahrscheinlich die Sirenen unten auf der Straße.« Ihre Hand klammerte sich um die Sprechmuschel. Durch achtsame Finger sagte sie: »Sie fahren bloß vorbei. Hier in der Nähe ist kein Brand.« Sie lachte. »Aber nein. Amüsieren Sie sich einfach schön«, riet sie fröhlich. Sie legte den Hörer auf.

Ihr Gesicht erstarrte.

»Ein Wunder, daß er nicht tot ist«, knurrte Jed. »Du kleine Idiotin!«

»Nicht?« sagte Nell abwesend. Sie ging nach 809.

Jeds Hand, die sich ohne bewußten Befehl seines betäubten Verstandes betätigte, tastete sorgfältig Eddies Kopf ab. Das trockene Haar kräuselte sich unter seinen Fingerspitzen. Er ließ den entsetzten Aufruhr seiner Gedanken außer acht, um sich darauf zu konzentrieren. Nicht festzustellen, wie schwer die Verletzung war, aber immerhin blutete es nicht. Sanft streckte er den Körper aus. Er hob ihn an, zog ihn über die Schwelle ganz ins Badezimmer, griff nach der dicken Badematte und schob sie sanft zwischen den harten Fliesenboden und den Kopf. Er nahm ein Handtuch und befeuchtete es. Er wusch sanft die Stirn, die Augen und die Wangen.

Eddies Atem schien in Ordnung zu sein ... ein bißchen mühsam, nicht sehr. Jed fand, daß der Puls ziemlich regelmäßig war. Natürlich bewußtlos, aber vielleicht ...

Er hob plötzlich selbst den Kopf.

Bunny schrie nicht. Die leere Luft pulsierte vom plötzlichen Fehlen des schrecklichen Geräusches.

Jed hockte reglos auf den Fersen. Ein Rinnsal von

Schweiß stichelte ihm einen kalten Strich über den Nacken und zerrann im Stoff seines Kragens.

Ruth trat mit gemessener Anmut aus der Telefonzelle. »Amüsieren Sie sich schön.« Der Satz klang ihr in den Ohren. Nicht gerade das *mot juste* für eine Nacht wie diese! Diese Nacht des Triumphs! Eine Zeit, die man ewig in Erinnerung behalten würde, um immer wieder auf sie zurückzukommen. Schon jetzt, so kurz danach, wollte man die Stunde noch einmal durchleben und spüren, wie das Herz stehenblieb, als Peter von seinem Stuhl aufstand und flatterte, als er so nervös begann. Und stolz klopfte, weil sie bald bemerkte, daß all diese höflich zuhörenden Leute sich für den Mann erwärmten, der ein kleines bißchen nervös und schüchtern begann, als wollte er sagen: »Mein Gott, wer bin ich eigentlich?«

Und wie Peter sich dann allmählich selbst für das interessierte, was er sagte. Wie alle das spürten. Wie zunächst die Worte, grammatisch korrekt, wohlgesetzt, in vollständigen Sätzen kamen. Wie dann der Gedanke hervortrat und die Sprache zu lebendigen, überraschenden Wendungen trieb, die genau richtig klangen. Und wie Peter schließlich, auf der vollen Höhe seines Talents, direkt aus seinem Denken und seinem Herzen all das schöpfte, was er wußte und glaubte. Wie sich ihm die Köpfe zuwandten, weil sie nicht anders konnten. Sie mußten das hören.

Er war immer noch aufgeregt (ach, der gute Peter!) und erntete seinen Lohn. Jetzt, wo seine Rede vorbei war, jetzt, wo man die Tische aus der Mitte des Saales schob und Musik spielte und Leute in kleinen Gruppen herumstanden, und er inmitten der allergrößten.

Peter erntete Lob und Ruhm eines ganzen Abends. Aber vielleicht sogar noch mehr. Vielleicht sogar das, worauf es ankam! War es möglich, fragten sich die Jones', daß mancher sich vielleicht erinnern, zumindest einen kleinen Teil dessen, was er ihnen gesagt hatte, behalten und darauf zurückkommen würde?

Ein Sieg! Aber das Wiederaufwärmen, das Ernten, das herrliche Vergnügen daran, könnte noch stundenlang weitergehen.

Ruth drückte die glänzenden Fingernägel in die Handteller. Bunny schlief fest. Das hatte das Mädchen ihr gesagt. Alles war in bester Ordnung. Das hatte das Mädchen gesagt.

Aber Ruth stand zitternd in dem verspiegelten Korridor und spürte instinktiv, daß *nicht* alles in bester Ordnung war.

»Stell dich nicht an!« zischte sie ihrem Spiegelbild zu. »Sei nicht so eine Glucke! Verdirb's jetzt bloß nicht!«

Peters Kopf drehte sich aus der Gruppe zu ihr hin, und sie gab ihm ein fröhliches kleines Handzeichen, das ›alles in Ordnung‹ bedeutete.

Denn das war es wohl auch.

Aber es hatte sich nicht nach demselben Mädchen angehört. Es war schon dieselbe Stimme. Aber es war nicht dieselbe Art. Das Mädchen am Telefon gerade eben war weder teilnahmslos noch träge. *Sie war nicht stumpfsinnig genug!* Nein, sie war zu entschieden gewesen. Zu... zu verdammt *fröhlich*! Zu gönnerhaft... »Ab mit dir, kleine Mrs. Jones, und amüsier dich schön. Stör mich nicht.«

»Stell dich nicht so an!« sagte sich Ruth noch einmal. »Willst du etwa so gemein sein und Peter mit deinem provinzlerischen Muttergetue den wunderbaren Abend verderben? Was ist eigentlich los mit dir?«

Sie schüttelte sich und ging vorwärts.

»Was ist los, was ist nur los dort, wo Bunny ist?« fragte ihr Instinkt in einem fort.

Peter war richtig in Schwung und erläuterte gerade etwas, worauf er in der Rede nicht genügend eingegangen war. Männer, die ihn umstanden, rauchten mit sehr bedächtigen und besonnenen Bewegungen, nickten und warfen Selbstzitate ein. »Wie ich schon neulich beim Lunch gesagt habe... Ich habe gerade zu Joe gesagt...« Anscheinend hatten sie erst letzte Woche oder neulich das gleiche gedacht, was Peter dachte. Sie hatten jemandem in ungeschickten Worten gesagt, was Peter ihnen gerade so treffend gesagt hatte. (Ah, süßes Lob!)

»O. K., Schatz?« Peter war auf einer Wellenlänge mit Ruths Instinkt. Schon oft hatte er gehört, was der raunte. Doch als sie jetzt lächelnd antwortete: »Alles ruhig. Alles in bester Ordnung, sagt Nell«, hörte Peter ihren Instinkt nicht ausrufen: »Aber ich glaube es nicht.«

»Gut.« Er drückte sie, schwang sie herum. »Ruth, das sind Mr. Evans und Mr. Childs und Mr. Cunningham.«

»'n Abend... 'n Abend...«

»Ihr Mann ist ein kluger Kopf und nicht auf den Mund gefallen, Mrs. O. – äh – Mrs. Jones. Prima Rede. Prima.«

»Das fand ich auch«, stimmte Ruth liebreizend zu.

»Isabel, komm mal her. Dreh dich um, darf ich vorstellen...« Die Frauen murmelten einen Gruß.

Peter sagte: »Da sagt etwa ein Mann zu Ihnen: ›Ehrlich währt am längsten.‹ Sie müssen nicht seine Vorfahren nachschlagen und, wenn Sie feststellen, daß sein Großonkel vor dreißig Jahren fünfzig Cents gestohlen hat, glauben, daß das, was er *sagt*, deswegen fragwürdig sein muß. Dem, was er *sagt*, können Sie zustimmen oder nicht zustimmen. Wenn er allerdings behauptet, er sei für Ehrlichkeit, aber erwartet, daß Sie mit ihm eine Bank ausrauben, erkennen Sie hoffentlich den Unterschied. Jedenfalls täten Sie gut daran, ihn zu lernen.«

»Genau«, sagte eine Zigarre.

»Ich behaupte, daß die Wahrheit auch aus dem Mund eines Schurken kommen kann, aber wie kann ein Schurke uns hereinlegen, wenn wir lernen, Worte von Taten zu trennen und klaren Kopf zu behalten?«

»Genau das hab ich zu Isabel gesagt. Ich hab gesagt...«

»Und wie alt ist Ihre Kleine, Mrs. O. – äh – Mrs. Jones?« gurrte Isabel.

»Bunny ist neun.«

»Ach, ich weiß noch, wie Sue mit neun war«, sagte die Frau rührselig. »Ein süßes Alter. Ein allerliebstes Lebensjahr.«

Ruth lächelte mit strahlenden Augen. Ihr fehlte die Stimme für eine Antwort.

11. Kapitel

Mrs. Parthenia Williams sagte: »Ich kann nicht anders.«

»Ach was, Ma«, sagte ihr Sohn, der die Stimme in der Abendstille des Ortes, wo sie standen, dämpfte. »Hör mir mal zu –«

»Ich kann nicht anders, Joseph, hörst du?«

Für die alten Mr. und Mrs. O'Hara in der vorderen Suite hatte das Hotel Majestic im trägen Verstreichen der Jahre irgendwie die Eigenschaften eines Zuhause angenommen. Mittlerweile ging es Mrs. O'Hara nicht besonders gut. Sie war nicht krank genug, um eine Pflegerin zu rechtfertigen, doch wollten sie ungern riskieren, daß sie allein war. Deshalb kam tagsüber Mrs. Parthenia Williams, und manchmal, wenn Mr. O'Hara außer Hause sein mußte, blieb sie bis spät am Abend. Jedesmal, wenn sie das tat, kam ihr Sohn Joseph, um sie nach Hause zu begleiten.

Während sie in der Stille des Korridors im achten Stock standen, sagte Joseph: »Du hältst dich da besser raus, Ma. Das weißt du doch. Oder nicht?« Er war ein dünner, nervöser Neger mit Adlergesicht.

»Ich weiß, was ich weiß«, sagte seine Mutter.

Mrs. Williams' schokoladenbraunes Gesicht war, schon von der Gestalt ihrer vollen Backen, dem Kräuseln ihres üppigen Mundes und dem Leuchten ihrer auseinanderliegenden Augen, zum Lächeln wie geschaffen. Nichts bedrückte sie. Nichts konnte sie davon abhalten, im Fahrstuhl mit ihrer wunderschönen, sanften Stimme »Guten

Morgen« zu sagen. Sie schien durch die Poren kleine Informationshäppchen über all diese Fremden aufzunehmen, so daß sie, mit der Keckheit einer nicht unterzukriegenden Freundlichkeit, etwa auf dem Flur zu sagen pflegte: »Hat Ihnen die Bootsfahrt gefallen, Ma'am? Ach, das ist schön!« Mrs. O'Hara, die zweiundsechzig und der so oft unangenehm schwindlig war, fühlte sich an Parthenias Busen geborgen. Sie sagte Mr. O'Hara, es sei, als würde sie nach dreißig Waisenjahren im Alter erneut bemuttert. (Mr. O'Hara kreuzte die Finger und klopfte auf Holz.)

Joseph kannte die Eigenheiten seiner Mutter und liebte sie innig, aber manche ihrer Eigenheiten... Diesmal versuchte er, Einwände zu erheben. »Manche Sachen kannst du einfach nicht – Ma!«

»Irgendwas erschreckt die Kleine da drin fast zu Tode«, sagte Parthenia. »Sie ist doch noch ein kleines Wurm. Sie ist in 809, und ihre Eltern sind nebenan. Ich hab heut mit ihnen geredet. Ein richtig liebes Kind. Und ich kann nicht anders, Joseph, also laß mich in Ruh.«

Ihre großen Füße trugen ihren drallen Körper den Korridor entlang. »Wenn ihre Eltern nicht da sind, muß jemand sie trösten. Es ist nicht gut, daß sie solche Angst hat.«

»Ma, hör doch...«

»Na gut, Joseph. Ihr Papa, der hat wegen einer Babysitterin gefragt, und ich *weiß*, daß sie ausgehen wollten. Wenn ihre Mama da ist, dann ist das was anderes. Aber ich muß fragen. Ich kann nicht anders. Das macht mir nichts.«

Jed rappelte sich auf. Seine Augen wandten sich zu dem Badezimmerfenster aus Mattglas. Er entriegelte es und schob es hoch. Kalte Luft schlug ihm ins Gesicht.

Der tiefe Hof schien ruhig zu sein. Er steckte den Kopf hinaus, um in die schachbrettartig gemusterte Höhlung hinabzuschauen. Er konnte natürlich nicht bis ganz nach unten sehen. Er konnte auch Bunnys Fenster nicht sehen, denn es lag auf einer Linie mit diesem.

Er konnte die Alte gegenüber sehen, und sie ging hin und her. Sie ging zu einem Stuhl, hielt sich mit beiden Händen an der Lehne fest, stieß sich davon ab und ging weg. Und wieder zurück. Er konnte nur den mittleren Teil ihres Körpers sehen, und diese fahrigen Hände.

Die Angst, die nicht einmal in Gedanken in Worte gefaßt worden war, versickerte, und er fragte sich, warum er aus dem Fenster sah. Er fragte sich, ob das Weib da drüben aufgeregt war, weil sie etwas gehört hatte. Er fragte sich das, und während er es sich noch fragte, *wußte* er, daß jemand diesen ganzen Tumult gehört haben mußte.

Raus hier, Towers, ermahnte er sich, solange es noch geht, du verdammter Idiot! Bevor hier der Teufel los ist. Der Kerl stirbt schon nicht. Der wird schon wieder. Der schläft friedlich. Kümmere dich um Towers!

Jed ging auf, daß er genau jetzt eine erstklassige Chance hatte. Während die Wildkatze in 809 war, konnte Towers aus 807 verduften. Und Towers würde wie verrückt abzischen.

Was er sich laut knurren hörte, als er über Eddies Körper stieg, war: »Was zum Teufel macht die eigentlich da drin?«

Das Klopfen ließ ihn zusammenfahren. Zu spät? Er stöhnte. Er beäugte die Entfernung zwischen seinem

Standort und 809. Da rein, wo, wie er sich erinnerte, an der Innenseite von Bunnys Tür das Holzfaserschildchen am Schlüssel baumelte... so würde er abhauen müssen, jetzt wo jemand, der zweifellos Ärger bedeutete, an die Tür von 807 klopfte. Er zauderte. Wie würde er an dem, der da stand, vorbeikommen, wenn er erst einmal auf dem Korridor war? Er würde, dachte er, vorbeikommen, sonst sah es düster aus.

Dann sah er Nell im Weg stehen. Sie sah ihn an und bewegte die linke Hand. Die Bewegung besagte: »Rühr dich nicht.« Jed schüttelte den Kopf und spannte die Muskeln zum Sprung. Aber Nell durchquerte zu rasch 807... so rasch, daß Jed sich gerade noch fing und wieder nach hinten in Deckung duckte, als sie dem Ärger die Tür öffnete.

»Ja?« Jed konnte sie sehen und verfluchte im stillen ihren dunkelgewandeten Rücken (sie hatte sich umgezogen!) und ihr unerhört kühl gehobenes Kinn.

Er erwartete eine Männerstimme, eine offizielle Stimme, kalt und entschieden. Aber die Stimme war wohltönende Musik, und nicht die eines Mannes. »Ich hab die Kleine so furchtbar weinen hören«, sagte sie. »Kann ich irgendwie helfen?«

»Wieso, nein«, sagte Nell frostig erstaunt.

»Passen Sie für Miz Jones auf die Kleine auf, Ma'am?«

»Ja.«

»Das ist schön. Wissen Sie, ich hab mit der Kleinen und ihrer Mama gesprochen... sie kennt mich vielleicht noch. Vielleicht könnt ich sie trösten?«

»Jetzt geht's ihr wieder gut«, sagte Nell und bewegte die Tür. Aber Parthenias großer Fuß stand hinter der Schwelle.

»Ich hab so viel Erfahrung mit Kindern. Ich komm scheint's immer ziemlich gut mit Kindern zurecht. Angst hat sie gehabt, die Arme? Das hab ich gehört.«

»Bloß ein Alptraum«, sagte Nell gleichgültig.

»Komm schon, Ma«, sagte Joseph. »Du hast gefragt. Jetzt komm endlich.«

»Wer sind Sie?« sagte Nell scharf und starrte ihn an.

»Das ist mein Zweitältester«, sagte Parthenia stolz. »Ich hab drei Jungs und zwei Mädchen. Ja, Ma'am, eine große Familie, aber sie sind was geworden. Tut mir weh, wenn ich ein Baby so furchtbar weinen hör. Tut mir richtig im Herzen weh, wie Kummer. Arme Kleine... und alles so fremd...« Es war wie ein Lied, ein Schlaflied.

»Ich wüßte nicht, was Sie das angeht«, sagte Nell kalt.

»Vielleicht nichts«, sagte Parthenia. Aber ihr großer Fuß blieb, wo er war. Ein großer Fuß, vom Tragen eines großen Körpers abgenutzt, an der Ferse entzündet und schrundig... ein großer, kräftiger, sturer Fuß. »Vielleicht nichts«, sagte die schöne Stimme traurig, »aber ich muß was gegen meinen Kummer tun. Kann einfach nicht anders, Ma'am, jedesmal wenn ein Kind weint.«

»Jetzt weint sie nicht mehr«, sagte Nell gereizt. »Und es ist zu dumm, daß Sie Kummer haben. Bitte lassen Sie mich die Tür zumachen, ja?«

»Ma –«

»Haben Sie ein Amulett gegen den Alptraum?« fragte Parthenia mit ungebrochenem Wohlwollen.

»Wenn Sie nicht verschwinden, rufe ich jemanden.«

»Ma... Entschuldigung, Miss... Ma, komm jetzt endlich.«

»Ich hab einfach ein ungutes Gefühl«, sagte Parthenia

sanft bekümmert. »So ist das nun mal. Könnt ich«, bat ihre sanfte Stimme, »mal eben nachsehen, ob sie keine Angst mehr hat? Kleine Kinder, die kriegen nachts manchmal Angst, und dann muß man nachsehen. Weil's ihrem Wachstum schadet, wenn sie nicht getröstet werden.«

»Sie wird getröstet«, fauchte Nell. Dann änderte sie den Tonfall. »Aber danke, daß Sie gefragt haben«, sagte sie mit süßem Schmelz, der irgendwie etwas Drohendes hatte. »Ich denke, Sie meinen es gut. Aber ich kann Sie wirklich nicht hereinbitten. Ich weiß nicht, wer Sie und dieser Mann sind –«

Joseph zerrte seine Mutter grob von der Tür weg.

»Dann gute Nacht«, sagte Parthenia unglücklich und, als Nell sie ausschloß: »Wenn ich weiß wär, würd ich nicht –«

»Sch!« sagte ihr Sohn. »Mach schnell. Zum Fahrstuhl. Nach Hause. Mit der gibt's nur Ärger.«

»Ärger«, murmelte seine Mutter.

»Du wirst doch nicht so dumm sein, Ma. Ich hab's dir gesagt. Wir können uns nicht mit dem weißen Mädchen anlegen. Glaub mir, mit *der* nicht!«

»Ich hab mich nicht mit ihr angelegt. Irgendwas stimmt da ganz und gar nicht, Joseph. Die Mutter von dem Baby ist nicht da. Ich hab einfach ein ungutes Gefühl.«

»Hör mal, Ma, dann krieg mal lieber ein gutes Gefühl, du kannst nämlich nicht gewinnen. Das weißt du doch, oder? Du kannst deine Nase nicht in die Angelegenheiten von diesem weißen Mädchen stecken, und wenn du eine Million mal recht hast.« Er klingelte furchtbar zappelig nach dem Fahrstuhl.

»Kein Kind«, sagte Parthenia ernst, während sie warteten, »kein Kind wird so schnell einen Alptraum los. Kein Kind, Joseph. Nicht eins.«

»Du kannst gar nichts machen, Ma. Vergiß es, ja?«

Der Fahrstuhl hielt. Die Tür glitt zur Seite. Parthenias gewaltiger Fuß zögerte. Aber sie stieg schließlich ein, und Joseph seufzte, während sie abwärtsglitten.

Er hörte sie murmeln: »Nein, ich würd nicht gehen.«

»Sollen wir irgendwo was essen?« sagte er mit nervöser Aufgekratztheit. »Hast du Hunger, Ma?« Sie gab keine Antwort. »Ma?«

»Ich glaub nicht, daß ich heut nacht was esse, Junge«, sagte Parthenia.

»Kein Hunger?« Er packte sie am Arm und schob sie aus dem Fahrstuhl, um die Ecke und zum Hinterausgang.

Parthenia sagte, zu den Sternen aufblickend: »Nein, ich würd Wirbel machen. Ich würd nicht gehen.«

12. Kapitel

»... Nigger!« sagte Nell.

Mit einemmal wurde Jeds kühles Bestreben, sich davon-
zumachen, von der Flamme seines rasenden Bedürfnisses
verzehrt, ihr Bescheid zu stoßen.

»Du verdammte Wildkatze! Idiotin! Schwachkopf! Was
soll das eigentlich, was du da gemacht hast? Was soll das,
ihn einfach so umzuhauen? Was zum Teufel hast du dir
dabei gedacht? Was für ein blödsinniges Hirngespinst hat
in deinem dummen Schädel rumgespukt? Antworte mir!«

Er schüttelte sie. Das dunkle Kleid war zu kurz.
Außerdem war es auf einen matronenhafteren Körper
zugeschnitten. Dadurch wirkte sie jünger und nicht so
gekünstelt, aber auch älter und schlampiger. Ihr Kopf
schnellte auf dem Hals zurück wie ein zum Zustoßen
bereiter Schlangenkopf, und ihr winziger Mund über dem
scharfen, winzigen Kinn wirkte giftig. Ihr Gesicht mit der
gelblichen, faltenlosen Haut hatte kein Alter, das man
schätzen oder ahnen konnte. »Antworte mir!«

Sie war wütend. »Was hast du denn?« schrie sie. »Du
wolltest doch nicht gesehen werden, oder? Oder?«

Er konnte ihre Pupillen sehen, winzige Punkte in den
blauen Flächen.

»*Du* bist der Idiot!« schrie Nell. »Du wolltest nicht, daß
er dich sieht? Wie denn? Er ist direkt da reingegangen.«

»Du würdest ihn also einfach so umbringen, wie? Bloß
fürs Reingehen? Dir ist es also egal, ob er durchkommt
oder stirbt? Was?«

»Der stirbt nicht«, sagte sie verächtlich. »Ich hab nicht so hart zugeschlagen.«

»Ganz bestimmt! Du hast so hart zugeschlagen, wie's verdammt noch mal ging. Reines Glück, daß du ihn nicht...«

»Wolltest du vielleicht gesehen werden?« zischte sie.

»Ach so, du hast *mir* einen Gefallen getan? Laß das in Zukunft lieber.« Ihre beiden Handgelenke mit einer Hand festhaltend schleuderte er sie zur Seite. Es kam ihm in den Sinn, daß die Zeit verrann. Es sah allmählich so aus, als hätte niemand bei den zuständigen Leuten Alarm geschlagen. Nichts tat sich. Er zerrte sie mit, als er zum Fenster ging, um durch die Jalousie zu spähen.

Das Weib gegenüber stand einfach nur da. Er konnte ihre Hände auf der Stuhllehne sehen.

Er wirbelte Nell in die Zimmermitte zurück. Sie strauchelte, widerstandslos, obwohl sie ein wenig verdrossen wirkte. Sie sagte: »Ich hab gedacht, du wolltest hier drin nicht gesehen werden. Du hast jedenfalls so getan.«

Er sah sie an. »Bloß eins«, sagte er trocken. »Der kleine Mann hatte das gute Recht, hier hereinzukommen, wenn er wollte. Er hat nichts getan, was er nicht durfte.« In ihrem Gesicht tat sich nichts, keine Ausdrucksveränderung. Er hätte es genausogut auf Choctaw oder sonst was sagen können. »Daran hast du nicht gedacht, wie? Ich nehme an«, spöttelte er, »du hast dir einfach nichts dabei gedacht?«

»Ich hab gedacht, du willst nicht, daß er dich sieht.«

»Also hast du ihn schlafen gelegt. Na logisch. Na großartig!« Jed wollte sie ohrfeigen, sie schlagen, heftiger, als er je etwas, das kleiner war als er, hatte schlagen wollen. Er nahm die Hände von ihr, als würde sie sie besudeln. »O. k. Was hat dir das eingebracht? Was hat es dir genützt?«

Sie schien nicht zu begreifen.

»Ich wollte gehen. Weißt du noch? Ich will immer noch gehen. Ich gehe noch schneller und weiter, wenn das möglich ist. Und glaub ja nicht, du könntest mich mit irgendeinem Lügenmärchen reinreiten«, tobte er. »Ich verzieh mich« – er schnippte mit den Fingern – »wie nichts! Du weißt nicht, wer ich bin, wie ich heiße, wo ich hergekommen bin oder wo ich hingehe. Und du wirst mich in diesem Leben nie mehr wiedersehen, Nelly-Mädchen. Ich will auf folgendes raus. Du hättest mich genausogut... das wär verdammt viel besser gewesen... von deinem Onkel Eddie an die Luft setzen lassen können! Kapierst du das? Ja?«

Sie sagte nichts. Aber sie bewegte sich ein kleines bißchen, um sich, wie er meinte, unmerklich zwischen ihn und die Tür zu schieben. Er lachte. »Eingleisig, dein Verstand. Heilige Einfalt! Schaffst wohl immer nur einen Gedanken auf einmal? Hör zu, du hast nie eine Chance gehabt, mich hierzubehalten, seit ich rausgekriegt habe, daß du babysittest. Nie. Dein ganzer Affenzirkus...«

»Warum nicht?« sagte sie.

»Sagen wir, ich bin allergisch«, sagte Jed kurzangebunden, »und lassen wir's dabei. Ich hab nichts gegen Kinder.« Seine Hand hieb nervös durch die Luft. »Das hat nichts damit zu tun. Sie lassen mich zufrieden, ich lasse sie zufrieden. Nichts mit ihnen am Hut.« Der Satz gefiel ihm nicht. Er wechselte rasch das Thema. »Denk mal lieber über dich nach, und denk schnell, Nell. Wie *du* aus der Klemme rauskommst, in die du dich gebracht hast, weiß ich wirklich nicht.«

»Ich komm schon raus«, murmelte sie unbekümmert. Er hörte es nicht. Er lauschte auf etwas anderes. »Es ist still da drin«, brummte er.

»Der geht's gut«, sagte Nell unbekümmert. Ihre Lider schienen an den Außenseiten der Augen anzuschwellen, sich schläfrig zu blähen.

»Was hast du ihr gesagt?«

»Ich hab ihr gesagt, sie braucht vor nichts Angst zu haben. Es wär bloß jemand hingefallen.« Plötzlich lachte Nell, entblößte dabei die Zähne. »Stimmt ja auch«, kicherte sie.

»Wie wahr«, sagte Jed gedankenvoll. Noch schäumte die Wut in ihm, aber er hatte die Oberhand darüber gewonnen. Er hatte das unbehagliche Gefühl, er sollte sich lieber nicht mit einer so simplen Antwort begnügen. Er ging um eines der Betten herum und sah ins Badezimmer. »Man wird Eddie vermissen, weißt du. Daran hast du natürlich nicht gedacht.«

»Der wird nicht vermißt«, sagte sie gleichgültig. »Er hat frei.« Sie setzte sich, stellte die Knöchel zusammen und betrachtete ihre Füße. Ihre Zehen führten einen Miniaturtanz auf.

Eddie war so ziemlich im selben Zustand, immer noch weggetreten, leichter atmend. Jed drehte sich um.

Nell ließ sich auf die Ellbogen sinken, lächelte zu ihm auf. »Gehen wir tanzen?« sagte sie kokett. »Johnnie?«

»Tanzen!« explodierte er.

»Onkel Eddie ist jetzt nicht im Fahrstuhl.« Sie schien zu glauben, sie erkläre ihm etwas!

Er wollte sagen, lieber ginge ich mit einer Kobra tanzen. Aber er sagte: »Und? Wer paßt in der Zwischenzeit auf das Kind auf?«

»Es ist ein doofer Job«, sagte sie. »Ich mag ihn nicht.«

Seine Lippen teilten sich, schlossen sich, teilten sich. Er setzte sich ihr gegenüber. Es schien wichtig, deutlich zu machen, was sie bei ihren Überlegungen außer acht gelassen hatte. Es schien wichtig, Vernunft gegen Unvernunft zu erproben. Es schien nötig zu versuchen, durch eine Nebelwand hindurchzustoßen, die Dinge zu klären. »Du sitzt in der Tinte«, sagte er ziemlich geduldig. »Weißt du das denn nicht?«

»Wieso in der Tinte?« Sie schmollte.

»Du ziehst diesem Kerl, diesem Onkel Eddie, eine über. O. k. Und was passiert jetzt? Denk mal ein kleines bißchen voraus. Die Jones' kommen von der Party nach Hause. Im Badezimmer liegt einer. Was sagst du dann?«

»Es ist bloß Onkel Eddie«, murmelte sie.

Jed griff sich mit beiden Händen an den Kopf. Eigentlich wollte er die Geste witzig übertreiben, aber es mißriet ihm. Er hielt sich ganz im Ernst den Kopf.

»Jetzt hör mal genau zu«, sagte er. »Was *wird* passieren? Zukunft. Konsequenzen. Je davon gehört?«

Sie benutzte ein Wort, das ihn durch seine unerwartete Vulgarität erschütterte. »- - -, Onkel Eddie sagt schon nicht, daß *ich* es war, der ihn niedergeschlagen hat.«

Er mußte sich eingestehen, daß er selbst in diese Richtung überlegt hatte. Einen Moment lang war er zum Schweigen gebracht. »O. k.«, fuhr er geduldig fort. »Eddie verpetzt dich also nicht. Wie lautet die Geschichte dann? Hat er sich selber bewußtlos geschlagen? Was hat ihn bewußtlos geschlagen? Wer? Siehst du denn nicht, daß du eine Antwort geben mußt?«

»Ich kann sagen, daß du es warst«, antwortete sie gelassen.

»*Wenn ich weg bin*, willst du das sagen!« Er war wütend.

»Außer wir sind tanzen.«

Er stand auf. Diesmal spuckte er es förmlich aus. »Lieber gehe ich mit einer Kobra tanzen als mit dir.«

»Du hast mich gefragt, als du –«

»*Vorhin*«, fauchte er. »Da hab ich noch nicht gewußt, in was ich da reingeraten bin. Jetzt, wo ich sehe, wie du dich verhältst, trete ich dankend zurück, glaub mir.« Er ging auf und ab. »Warum *denkst* du nicht zuerst! Das kapiere ich einfach nicht. Du haust ihn um, ohne einen Funken Grips im Schädel. Kannst du dir nicht vorstellen, was passieren wird? Bedeutet das gar nichts für dich? Planst du je? Denkst du je voraus? Was ist eigentlich los mit dir? Wie kommt es, daß du dich so verhältst?« Er blickte kalt auf sie hinab. »Ich glaube, du bist geisteskrank.«

Das sagt sich leicht. Das Wort rutscht einem so heraus. Das war das erste Mal, daß Jed es je in aller Aufrichtigkeit gesagt hatte. Er glaubte wirklich, daß sie geisteskrank war.

Langsam glitt ihr Kopf auf dem Hals zurück. Es war der Hals, der sich hob, als strecke er sich. Sie sagte ein paar häßliche Worte. Dann kreischte und krallte sie auf ihn ein und biß ihn mit reißenden Zähnen in die abwehrenden Hände, und ihre Stimme gellte immer wieder: »Nein, das stimmt nicht! Nein, das stimmt nicht! Nimm das zurück. Nimm das sofort zurück!«

Er bändigte sie, aber es war nicht leicht. Er bekam sie in einen Haltegriff und hielt ihr mit der Hand den Mund zu. »Hör auf damit! Hör auf! Du machst dem Kind Angst. Du hetzt uns die Cops auf den Hals.« Sie kreischte immer noch, so laut sie konnte: »Nimm das zurück!«

»O. k., O. k. Ich nehm's zurück. Wenn dir das gut tut.

Meinetwegen bist du ein Muster an weiser Voraussicht und Klugheit. Alles was du willst! Nun hör schon auf!«

Sie hörte auf. Sie schien zufrieden. Es war unabdingbar für sie, daß das Wort nicht benutzt wurde. Das Wort ›geisteskrank‹. Aber es war eine Sache von Worten. Die Worte ›ich nehm's zurück‹ waren ebenso wirksam. Und das, dachte Jed grimmig, ist geisteskrank.

Ihn fröstelte. Er wollte nicht, daß das stimmte. Sie war eine verrückte Kleine, eine verdrehte Kleine, in der Slangbedeutung des Wortes. Nur im Jargon. Sie war völlig durcheinander und wußte nicht, wie sie innehalten und nachdenken sollte. Er redete sich ein, daß es das war. Aber ihm war traurig zumute, und ihn fröstelte. Er wußte nicht, was er tun sollte. Sie hing schlaff in seinem Griff. Dann ging ihm auf, daß sie gar nicht so schlaff war, sondern es nur allzu sehr genoß, so festgehalten zu werden.

Er ließ sie los, voller Argwohn. Er sagte abwesend: »Warum sollen wir uns streiten? Macht zuviel Krach.« Er lauschte. Aus dem Kinderzimmer kam kein Laut, und er stieß den Atem aus. »Nur gut, daß *die* nicht wieder angefangen hat zu heulen. Das vertrage ich nicht mehr.«

Nell sagte: »Ich weiß.« Flüchtig huschte Verachtung über ihr Gesicht. »Ich kapier das mit der Zukunft«, murmelte sie.

»Manchmal rede ich zuviel.« Er versuchte, sich in acht zu nehmen. »Was ich brauche... Machst du die Flasche mit mir alle?« Er zog sie aus der Tasche. »Nur gut, daß die in der Aufregung nicht zu Bruch gegangen ist.« Er sah sich geistesabwesend um. »Ach was, wer braucht schon ein Glas?« Er kippte die Flasche.

Sie nahm sie ihm mit beiden Händen ab. Die Vorstellung, aus der Flasche zu trinken, schien sie zu kitzeln.

Er sagte: »Sag mal, wo sind die Jones' eigentlich hin?«

»Warum?« Ihre Stimme war so beiläufig wie seine.

»Ich hab mich gefragt, wie spät – Sind sie ins Theater? Oder eine Party irgendwo?« Er gab sich entspannt.

Sie hatte die Flasche immer noch in beiden Händen. Sie ging damit zwischen die Betten und setzte sich auf das Kopfende des einen. »Ich weiß nicht«, sagte sie abwesend.

»Schwof, wie? Das hat sich nach ner Party angehört. Bei jemand in der Wohnung?«

»Du bist dran.« Sie gab ihm die Flasche. Ihr Gesicht war voller Bosheit. Sie sagte: »Ich kapier das mit der Zukunft, Johnnie. Das tut doch jeder.«

»Ich denk schon«, sagte Jed.

Sie nahm einen Zettel von dem Tisch zwischen den Betten, auf dem das Telefon stand. Sie begann ihn zwischen den Fingern zu fälteln. »Hältst du mich für dumm?« fragte sie mit einem schrägen Blick.

»Jeder ist manchmal dumm. Ist irgendwie ziemlich dumm von den Jones', nicht zu sagen, wo sie hingehen. Und wenn das Kind krank würde oder so was?«

»Ach so?« sagte Nell lebhaft. »Du meinst, sie hätten vorausdenken sollen? An die Zukunft?«

»Hab ich je was von der Zukunft gesagt?« Er grinste. Er dachte, es ist ihr doch unter die Haut gegangen. Muß wohl. Es ging ihm besser.

Nell zerriß den Zettel müßig in kunstvolle Fetzchen. Als Jed ihr die Flasche reichte, ließ sie die Fetzchen auf den Teppich fallen. Jed sah sie zu spät fallen. In einem telepathischen Moment erfaßte er blitzartig alles. Was auf dem Zettel gestanden hatte. Warum sie ihn zerrissen hatte. Wie sie ihn hereingelegt hatte. Und ihr hinterhältiges Gelächter.

Er war verärgert. Er hütete sich davor, es zu zeigen, so hoffte er, und vor seiner Wut. Am Empfang unten wissen sie vielleicht, beschwichtigte er sich, wo die Eltern von der Kleinen sind. Er sagte, und vielleicht war es die Folge seiner gedämpften Wut: »Sag mal, wie war das mit dem Brand?«

»Brand?« Nell strich die Tagesdecke glatt. Sie legte den Kopf schräg. Sie schien bereit, über Brände zu reden, wenn er unbedingt darüber reden wollte. Es bedeutete ihr überhaupt nichts.

»Ich hab ein bißchen was mitgekriegt von dem, was dein Onkel Eddie gesagt hat.«

»Ach so, das.«

»Ist euer Haus abgebrannt? Deine Eltern drin? Ich meine, er hätte so was gesagt.« Sie gab keine Antwort. »Hat dich das sehr mitgenommen, Nell?«

»Die sagen das«, sagte sie befangen.

»Wer?«

»Och, Ärzte. Onkel Eddie. Tante Marie.« Sie runzelte die Stirn. »Tante Marie ist heute abend ins Kino gegangen.«

»Wo war der Brand?«

»Zu Hause.«

»Irgendeine Kleinstadt, ja?«

»Sie war nicht groß.« Sie schlug die Beine übereinander.

Bestimmt klein, dachte Jed bei sich, wenn sie die da laufenlassen. Aber dann sagte er sich rasch, nein, nein, es muß irgendeine Untersuchung gegeben haben. Doch seine Gedanken liefen nüchtern weiter. Wahrscheinlich ist Eddie aufgekreuzt, bereit und willens und ängstlich bestrebt, sie weit, weit wegzubringen. Wahrscheinlich wollte die Stadt sich der Sache lieber nicht stellen. Weit, weit weg ginge Nell die Stadt nichts mehr an.

»Es war also ein Unfall«, sagte er und ließ es wie eine Feststellung klingen. »Tja, ich sag dir was. Die Zukunft ist eine Sache, auf die man achten muß. Die Vergangenheit ist eine andere. Weil die Vergangenheit sich summiert. Weißt du das?«

Sie runzelte die Stirn.

»Dieser Unfall. Sind dein Vater und deine Mutter dabei umgekommen?«

»Es war ein Unfall.« Er hörte das Überspringen ihrer Stimme in eine höhere Tonlage. Er wußte, es war eine Drohung. Es warnte: Paß auf! Es erinnerte ihn an den Kreischanfall. Es warnte: Sei vorsichtig! Gefahr! Heikel!

»Tja, ich sag's dir«, sagte er dessen ungeachtet gedehnt, »es ist schon komisch. Nimm einen Unfall, na schön, das ist schlimm. Alle haben Mitleid. Arme Nell.« Sie war so straff zusammengerollt wie eine gespannte Feder. Er versuchte, ihren Blick festzuhalten, aber es war alles Bläue. Er fuhr gedehnt fort. »Aber nimm *zwei* Unfälle, und schon sieht's anders aus. Es ist nicht das gleiche. Es ist wirklich komisch, wie nach einem zweiten Unfall der erste Unfall gleich nicht mehr so sehr nach einem Unfall aussieht.«

Ihr Gesicht wurde leer, entweder weil er sie mit einem Gedanken erreicht hatte oder weil sie nicht wußte, wovon er redete.

»Es empfiehlt sich, das zu bedenken«, sagte er bedächtig.

Sie sagte: »Die haben mir nichts getan.« Ihr Gesicht war verdrossen. Aber Jed verspürte ein flaues Gefühl absoluter Gewißheit.

Er beobachtete sie. Er sagte so ruhig und gefaßt, wie er konnte: »Ich will damit sagen... das erste Mal ist was anderes. Aber solche Sachen haben so eine Art, zusammenzukommen. Es wird schwieriger. Weil es zählt. Es summiert sich. Eins und eins ergibt mehr als zwei. Es ergibt Fragen. Also läßt du das Schlafwandeln vielleicht lieber«, schloß er sanft.

Sie rührte sich nicht. Er dachte: *Ich hab's rübergebracht.*

Und die Flasche war leer. Er nahm sich zusammen, um aufzustehen, sofort, und ruhig zu gehen.

Miss Eva Ballew glaubte an viele Dinge. Eines davon war die Pflicht. Sie ging aufs Telefon zu. Eines davon war die Gerechtigkeit. Sie ging zum Stuhl zurück.

Doch wie ausgeprägt ihre Überzeugungen und ihre Gewissenhaftigkeit auch sein mochten, Miss Ballew war ein Feigling und wußte es und hatte ihr Leben lang gegen ihre Schwäche angekämpft. Zwar war ihr vollkommen klar, daß sie Anstöße genug bekommen hatte... drei... und daß sie zu lange brauchte... viel, viel zu lange... um sich zu entschließen, was sie tun sollte.

Manchmal, wenn man sich mit dem Entscheiden Zeit läßt, erledigt sich die Notwendigkeit, etwas zu tun, von selbst... Bitter beschämt schalt sich Miss Ballew und ging aufs Telefon zu.

Aber...

Sie ging zum Stuhl. Sie schlug mit der Faust auf die Lehne, und der Schmerz half ihr. Gerechtigkeit. Na schön. Wenn die Gerechtigkeit siegte, dann deshalb, weil das hier mehr physischen Mut erforderte und sie ein Feigling war und ihrer Feigheit widerstehen wollte.

Sie ging zur Kommode und nahm ihre Handtasche, um

nicht schutzlos zu sein, wenn sie erst einmal von ihrem Zimmer weg war. Sie verließ das Zimmer und marschierte, sich antreibend, um das hohle Viereck des achten Stocks.

Nell hatte sich nicht gerührt. Jed, der sich aufgerappelt hatte und stand, sagte: »Tschüs.« Er verspürte eine leichte Regung von Mitleid für sie, die nicht zurechtkam und keinen inneren Kompaß hatte, um den Weg wiederzufinden. »Bis die Tage.«

Einmal mehr klopften, und zwar energisch, jemandes Knöchel an die Tür von 807.

Nell sprang auf, mit Augen wie ein Luchs.

»O nein«, sagte Jed sanft. »O nein, meine Beste, nicht schon wieder! Diesmal nicht!«

Er haute ab. Towers haute ab, auf die einzig mögliche Art, durch die Tür ins Zimmer des Kindes, nach 809... und schloß sie hinter sich.

13. Kapitel

Miss Ballew klopfte erneut. Weil sie Angst hatte, gab sie sich alle Mühe, wütend zu sein. Sie wußte, daß jemand da drin war. Glaubten die, sie könnten sich taub stellen?

Die Tür ging so rasch auf, daß es sie überrumpelte. Ein Mädchen in dunklem Kleid, kein sehr großes Mädchen, nicht sehr alt, sah sie aus blauen, blauen Augen an und sagte, den Eindruck unbändiger Wut erweckend, obwohl ihre Stimme leise war: »Was wollen Sie?«

»Mein Name ist Eva Ballew. Mein Zimmer liegt auf der gegenüberliegenden Hofseite in diesem Stock.« Miss Ballews Worte waren so gepflegt und ordentlich wie sie selbst. Sie neigte dazu, ganz von vorn anzufangen.

»Ja.« Das Mädchen schien zu horchen, aber nicht zu hören, fast als horche sie auf etwas anderes. Und es kam Miss Ballew so vor, als richte sich auch ihre Wut anderswohin.

»Ehe ich den Manager dieses Hotels anrufe«, sagte Miss Ballew beherzter, um Aufmerksamkeit zu gebieten, »halte ich es nur für fair zu fragen, ob Sie eine Erklärung haben.«

»Eine Erklärung für was?«

»Was in diesen Zimmern vorgeht«, sagte Miss Ballew laut und fest.

»Ich weiß nicht, wovon Sie reden.« Das Mädchen sah die Besucherin an, ohne sie jedoch wahrzunehmen, fast, dachte Miss Ballew, als suche sie auch hier draußen auf diesem kahlen Korridor nach etwas anderem.

»Da ist ein Kind«, sagte Miss Ballew kalt. »Ist das Ihres?«

»Ich passe auf sie auf.«

»Ich verstehe.« Miss Ballews Mund war grimmig. »Ja, das habe ich mir gedacht. Ist oder war ein Mann hier?«

»Ein Mann?«

Miss Ballew sehnte sich danach zu rufen: *Passen Sie gefälligst auf!* »Ich habe den Mann gesehen«, verkündete sie scharf, »es ist also eine überflüssige Frage, und Sie brauchen sie nicht zu beantworten.« Sie konnte in Zimmer 807 hineinsehen, und es war zumindest niemand sichtbar. Sie hatte keine körperliche Angst vor einem eher kleinen Mädchen. Und wenn der Mann weg war... Miss Ballew war ermutigt. Sie sagte, der Neugier nachgebend: »Wer war der Mann?«

»Hören Sie, Sie können nicht –«

»Das Kind«, fuhr Miss Ballew kühl dazwischen, »hat auf höchst beunruhigende Weise geweint, zweimal. Und ich habe hier drüben gewisse recht eigenartige Vorkommnisse beobachtet. Ich muß um eine Erklärung bitten.«

»Wer sind Sie?« begann Nell.

»Ich bin jemand, der unten anruft, wenn ich die Erklärung nicht bekomme«, sagte Miss Ballew herrisch. »Zunächst einmal«, fuhr sie, in ihrer ordentlichen Art von vorn beginnend, fort, »waren Sie doch vor einer Weile mit dem Kind am Fenster?«

»Ja, ja«, sagte Nell ungeduldig, »was versuchen Sie eigentlich –«

»Das habe ich Ihnen bereits gesagt. Ich versuche herauszufinden, ob es meine Pflicht ist, den Hotelmanager anzurufen.«

»Aber warum sollten Sie?« Nell trat näher, die Tür mittlerweile hinter sich. Ihr Blick glitt kurz nach rechts den Korridor entlang.

»Weil«, fauchte Miss Ballew, die wünschte, dieses Mädchen würde aufpassen und nicht dieses Duell mit irgend etwas Unsichtbarem fortsetzen, »es mir erstens einmal so vorkam, als wäre die Kleine um ein Haar aus dem Fenster gefallen.«

»Ist sie aber nicht«, sagte Nell beiläufig. »Bei Ihrer Schnüffelei müßten Sie das eigentlich gemerkt haben.«

Miss Ballew war beleidigt, hielt aber stand. »Schnüffelei oder nicht, ich möchte das Kind sehen.«

»Sie sehen?« Zum erstenmal hatte Miss Ballew das Gefühl, daß ihre Worte beachtet wurden.

»Ja, sie mit eigenen Augen sehen.«

»Sie haben vielleicht Nerven!«

»Dessen ungeachtet habe ich vor, die zuständigen Stellen anzurufen, wenn ich sie *nicht* sehe.« Soviel zum Thema Unverschämtheit, bemerkten Miss Ballews Augenbrauen.

»Ich weiß gar nicht, was eigentlich *los* ist!« sagte Nell mit aufgebracht überkippender Stimme. »Wozu wollen Sie sie sehen? Sie schläft. Wovon reden Sie eigentlich?«

»Warum hat sie so furchtbar geschrien?« Miss Ballew kniff die Augen zusammen.

»Wann?«

»Beim zweiten Mal. Nun hören Sie schon auf auszuweichen, junge Frau.«

»Was?«

»Ich denke, Sie lassen mich besser herein.«

»Jetzt hören *Sie* mal zu«, sagte Nell. »Ich bin hier, um auf sie aufzupassen. Sie sind mir fremd. Wie kann ich jemand Fremdes hereinlassen? Woher soll ich wissen...«

»Gar nicht«, pflichtete Miss Ballew bei, »aber wenn ich sie nicht mit eigenen Augen sehe, dann eben der Manager oder der Hausdetektiv.«

»Was geht Sie das an? Ich verstehe nicht –«

»Haben Sie Angst davor, sie mich sehen zu lassen?«

»Ich habe keine Angst«, sagte Nell schrill. »Aber ich kann nicht. Ich darf nicht. Sie reden von Pflicht –«

»Nun geben Sie mal acht. Ich bin Lehrerin. Bestimmt sehe ich danach aus. Sie sollten erkennen können, daß ich ein vertrauenswürdiger Mensch bin.«

»Sie versuchen, Ärger zu machen.«

»Im Gegenteil. Wenn Sie nur einsehen würden, daß ich gleich hätte unten anrufen können. Ich hatte jedoch das Gefühl, es wäre nicht fair, Ärger zu machen, wie Sie das nennen, wenn es keinen Grund dafür gibt. Deshalb habe ich mir die Mühe gemacht, hierher zu kommen. Es gibt vielleicht eine simple Erklärung, und wenn das Kind absolut wohlauf ist und schläft, dann gibt es überhaupt keinen Anlaß, Ärger zu machen. Ist das jetzt klar?«

»Was würde ihre Mutter sagen, wenn ich jeden Hinz und Kunz hereinlasse?«

»Was würde ihre Mutter dazu sagen, daß Sie einen Mann empfangen?« Im selben Ton würde Miss Ballew gesagt haben: »daß Sie Opium rauchen«.

»Er ist weg.« Wieder huschte der Blick des Mädchens nach rechts. »Und sie *ist* absolut wohlauf. Sie *schläft*.«

»Ich bitte um Verzeihung, wenn ich trotz Ihrer eindeutigen Aussagen darauf bestehen muß, aber nach dem, was ich gesehen habe –«

»Gesehen?«

»Vielleicht wissen Sie nicht, daß die Jalousie so gestellt war, daß ich sehen *konnte*.«

»Wohin sehen?« Nells Kopf glitt auf dem Hals zurück.

»In das Zimmer des Kindes.«

»Da drin ist es dunkel«, sagte Nell dümmlich.

»Nicht ganz. Es kam ein kleines bißchen Licht, vielleicht durch die Verbindungstür.«

»Licht?«

»Und das Kind hat recht abrupt mit seinem Geschrei aufgehört«, sagte Miss Ballew.

Nells Augen glitten zur Seite. »Was haben Sie gesehen?« fragte sie.

Ruth hörte den Frauenstimmen nur mit halbem Ohr zu. Sie wäre lieber in der Männergruppe gewesen, wo das Gespräch, da war sie sicher, mehr Gehalt haben mußte. Das hier konnte kaum weniger haben. Diese Frauen aus weit auseinanderliegenden Orten hatten keine gemeinsame Grundlage für Klatsch, und da sie nicht einmal genau wußten, wer wessen Mann war (außer bei Ruth), blieb ihnen sogar das Vergnügen versagt, einander einzustufen.

Abgesehen von Ruth. Sie hätte sich etwas einbilden können, denn keiner Frau war ihre rosenrote Erscheinung am Arm des Redners entgangen. Aber sie war nicht mit dem Herzen dabei.

Es war auch ein schwaches Element des Aberglaubens im Spiel, eine Furcht, es könne, wenn sie sich zu flott vorkam, etwas Schlimmes passieren. Sie fühlte sich, ob absurderweise oder nicht, als wandle sie auf einem schmalen Grat von Gefahr, als ginge sie, indem sie hier zwischen diesen partybemalten Frauen stand, ein Risiko ein. Sie sagte erneut: »Ach, wirklich«, und erneut ließ das Gefühl von Gefahr ihr Herz erbeben.

Peter schlenderte aus seiner Gruppe und entführte sie aus ihrer. Ihre Schritte fielen gemeinsam in die Musik ein, als wären sie zu Hause beim Samstagabendtanz. »Was ist los, Schatz?«

Ruth schaute mit umwölktem Blick auf. »Und ich habe gedacht, ich hätte dir was vorgemacht.«

»Aber nein. Sorgen? Wegen Bun?«

»Ich weiß genau, daß ich mich anstelle.«

»Nein, das weißt du nicht genau«, sagte er. »Irgendwas mit dem Telefongespräch, was dich beunruhigt?«

»Ich weiß nicht.« Sie ließ die Hand auf seinem Ärmel höhergleiten. »Wahrscheinlich liegt's bloß daran, daß ich eine Provinzlerin bin und diese Riesenstadt mir Angst macht. Hör mal, Peter, auch wenn ich mich nicht immer so verhalte, ich bin eine erwachsene Frau. Laß mich was tun. Laß mich ein Taxi zum Hotel nehmen und nachsehen. Dann bin ich völlig beruhigt und komme gleich zurück und tanze bis zum Morgengrauen. Und ich *verderbe* nicht alles.«

»Wir könnten jetzt gehen«, sagte er, sie in eine Drehung führend.

»Aber... das Vergnügen!«

Er grinste, gab das Vergnügen damit zu. »Da ist ein Mann aus Chicago, mit dem ich gern ein paar Worte –«

»Dann tu's. Bitte. Wenn du gehst, komm ich mir furchtbar gemein vor. *Du* kannst nicht gehen.«

»Mein großer Abend«, sagte er grinsend. »Hast du Taxigeld?« Er würde sie gehen lassen. Peter würde sie nicht *nötigen*, alles zu verderben.

»Keinen Penny«, bekannte sie.

Er tanzte mit ihr in den spiegelverkleideten Ausgang, drückte sie, ließ sie los und gab ihr eine Fünfdollarnote.

»Trau keinem gutaussehenden Fremden, mit dem ganzen Moos in der Tasche, Baby.«

»Nein.« Ruth dachte, ich traue dieser Fremden, diesem Mädchen, nicht. Das ist los mit mir.

Sie ließ ihn nicht weiter als bis zur Garderobe mitkommen. Er schaute auf die kleine Uhr, die sie aus ihrer Tasche holte, und sagte ziemlich ernst: »Du dürftest um diese Zeit nicht lange brauchen, um durch die Stadt zu kommen.«

Jemand sagte: »Oh, Jones«, oder war es: »O'Jones«?

Ruth lächelte ihm zu. Sie verließ den Schauplatz. Es ging ihr gleich viel besser, nachdem sie entkommen war, frei war, unterwegs war.

Ein Portier besorgte ihr ein Taxi. Die Stadt dachte sich nichts bei einer jungen Frau in Abendkleidung, die nachts allein ein Taxi nahm. Kein Blick. Keine Bemerkung. Die Stadt kümmerte sich um ihre eigenen Angelegenheiten.

Draußen in der Nacht, auf den Straßen, waren viele, viele Menschen, die sich alle um ihre eigenen Angelegenheiten kümmerten. Millionen und Abermillionen von Menschen, dachte Ruth, nicht nur hier, sondern auch an Millionen von anderen Orten, die nie von mir gehört haben und nie von mir hören werden. Sie dachte, wie wenige sind für uns, mich und jeden einzelnen etwas anderes als Fremde.

14. Kapitel

Jed stand im Dunkeln. Er hörte Miss Ballew sich vorstellen und wußte sofort, daß *das* die Alte von gegenüber war. Durch die Lamellen von Bunnys Jalousie konnte er ihr immer noch erleuchtetes Zimmer sehen.

Er überlegte, ob er ohne Aufruhr an den beiden vorbei- und hier rauskommen könnte. Vielleicht würde Nell sie in 807 hineinlassen. Aber wenn nicht ... Er überlegte sich, in der anderen Richtung um das hohle Viereck herumzugehen. Er hatte so eine Ahnung, daß das nicht ging. Es war wohl doch nur ein U. Möglicherweise Suiten an den Stirnseiten. Blinde Enden für die Flure.

Er überlegte, ob er Zuflucht finden könnte, indem er bei jemand Fremdem an die Tür klopfte. Gott bewahre, dachte er fromm. Keine fremden Hotelzimmer mehr für Towers. Nur Gott wußte, was sich darin befand.

Er probte in Gedanken seinen Abgang.

Und er meinte Abgang. Totalen Abgang. Es gab Schlimmeres auf der Welt, als sich auf dem Flugplatz die Nacht um die Ohren zu schlagen.

Die Treppe führte, wie er wußte, unmittelbar hinter den Fahrstühlen nach unten. Tja, er konnte schnell sein, auf seinen langen Beinen. Er vergegenwärtigte sich, wo der ganze Kram in seinem Zimmer lag. Wo er dies und das zusammenraffen mußte. Er reiste mit leichtem Gepäck. Es gab wenig zusammenzuraffen. Er konnte, dachte er, binnen sechzig Sekunden im Zimmer drin und wieder draußen sein und mit Sack und Pack seinen Abgang machen.

Dann sollte sie ruhig ihre Lügen kreischen.

Er hatte wenig Zweifel, daß sie sich bestimmt ein paar Lügen ausdenken würde. Wenn nötig. Oder auch nur, wenn es ihr in dem Augenblick lustig vorkam. Oder wenn sie sauer auf ihn war. Und das, dachte er, ist sie!

Tanzen, auch das noch!

Es sei denn, er hatte ihr, mit ein paar Worten in ein paar Minuten, den völlig ungewohnten Gedanken der Vorsicht eingebleut. Natürlich hatte er dabei an die Kleine gedacht. Er hatte versucht, Nell einzuhämmern, wie gefährlich, wie ungünstig es war, der Kleinen etwas zu tun.

Natürlich damit Towers abhauen konnte.

Verdammt noch mal, Towers mußte hier raus! Ein schöner Schlamassel! Körperverletzung möglicherweise, wegen Eddie da drin, und im Zweifelsfall spräche alles zugunsten von Nell. Jedenfalls lange genug, um einen Schlamassel draus zu machen. Und Eddie, versucht, ja beinahe gezwungen zu behaupten, es habe ihn etwas getroffen, aber er wisse nicht was. Ihm sei einfach schwarz geworden und so weiter. Das wäre doch das Naheliegendste für Eddie, oder? Eddie konnte sich sogar selber einreden, daß es stimmte.

Und damit säße Towers in der Klemme. Gefängnis, Kaution, Telegramme. Würde sein neuer Spitzenjob, sein Riesenschritt nach oben, ruhig warten, bis irgendein Richter ihn freiließ? Und würde ein Richter das überhaupt tun?

Quatsch! Er knirschte mit den Zähnen. Es würde immer neuen Ärger geben. Er mußte raus hier. Ging ihn schließlich überhaupt nichts an, das Kind und die Babysitterin. Nicht sein Kind, um Himmels willen. Fremde. Alles Fremde. Wenn die Eltern so dumm waren – war ihnen wahrscheinlich völlig schnuppe, was mit dem Kind passierte, dachte er wütend. Auf dem Schwof, groß aufgetakelt. Mittlerweile wahrscheinlich stinkbesoffen, dabei, schwer einen draufzumachen. Was ging Towers das an?

Warum war er eigentlich so wütend deswegen?

Und wenn Eddie, der Fahrstuhlführer, sich aus dem Fenster hängte und dafür eine aufs Dach bekam, was hatte das mit Towers zu tun? Er hatte kein Mitleid mit Eddie. Eddie war selber schuld.

Er stand immer noch dicht hinter der Tür von 809, immer noch lauschend. Er wußte nicht, worauf er wartete. Eigentlich keine Frage, daß er sich lieber schleunigst auf die Socken machte. Die Alte legte sich mittlerweile mächtig ins Zeug. Man brauchte sie sich nur anzuhören. »Ich möchte das Kind sehen.« Eiszapfen an jedem Wort. Hörte sich nach einer ziemlich sturen alten Dame an. »Und sie ist weiß«, dachte er, ohne sich recht klarzumachen, warum ihm das Wort einfiel.

Nell hielt sie hin, aber er glaubte, daß die Alte sie einfach überfahren würde. Er machte einen leisen Schritt. Er beeilte sich besser.

Mußte sich jetzt für schnelle Fußarbeit auf Touren bringen. Wenn er erst mal draußen war, raus aus diesem Hotel, dachte er, konnten sie ihn lange suchen! Er würde abhauen. Er wäre nie hier gewesen. Er wäre einfach weg, in der Stadt, einer unter Millionen. Im Handumdrehen verschwunden.

Und Towers wäre wieder im Rennen, auf dem Weg nach oben, wie er es sich ausgerechnet hatte.

Niemand würde je das geringste davon erfahren. Wie auch? Warum auch?

Das Kind schlief, und die alte Dame da draußen würde

sowieso Krach schlagen. Sie war ganz versessen darauf. Nicht nötig, daß er da mitmischte. Sollte die das machen. Sie war der richtige Typ dafür. Sollte sich die Sache ruhig so erledigen. Warum sollte er nochmal tun, was sie schon tun wollte?

Allerdings könnte er am Empfang etwas sagen. Er könnte aus seinem eigenen Zimmer da drüben Lärm gehört haben. Genau wie die Alte aus ihrem. Könnte genausogut dem Hotel einen Wink geben. Dann könnte Nell sie *nicht* mehr hinhalten.

Seine Augen hatten sich an die Dunkelheit hier drin gewöhnt. Er konnte erkennen, daß das hintere Bett unberührt war. Auf dem anderen mußte das kleine Kind schlafen.

Komisch, daß sie bei seinem Ringkampf mit der Wildkatze vorhin nicht aufgewacht war. Es war nicht gerade leise zugegangen.

Das Bett war schrecklich flach.

Seine Haare sträubten sich, seine Kopfhaut kribbelte.

Er schlich ein paar Schritte in Zimmer 809 hinein. Natürlich war sie ein schrecklich kleines Mädchen, würde sich auf einem Bett wahrscheinlich nicht sehr deutlich abzeichnen. Er wußte es nicht. Er hatte – verdammt – er hatte praktisch noch nie ein schlafendes Kind *gesehen*. Er wußte nicht, ob sie sich abzeichneten oder nicht.

Auf dem Bett war kein kleines Mädchen.

Towers sah zu den Fenstern hin, und Towers wurde übel, und die Übelkeit durchlief ihn wie Sahne, die eine Tasse Kaffee durchwallt, und etwas polterte zu Boden.

Er kniete in dem dunklen Spalt zwischen den Betten. Er tastete blind um sich. Irgend etwas zappelte. Er brauchte Licht, aber er traute sich nicht. Seine Finger trafen auf eine dünne, kalte kleine,... was? Schulter? Ja, denn er berührte einen weichen Zopf. Er tastete nach dem Gesicht, den warmen Lippen und dem Atem, berührte statt dessen aber Stoff.

Zur Hölle mit der gottverdammten Schlampe, sie hatte das kleine Wurm gefesselt und geknebelt. Der Teufel sollte das verfluchte Miststück holen! Ach, die arme, kleine...

»Bunny?« flüsterte er. »Bunny Jones? Ach Bunny, arme Kleine. Hör mal, Liebes, ich würd dir nie im Leben was tun.« Seine Finger vergewisserten sich. Ja, ihre Knöchel waren zusammengebunden. Die Handgelenke auch. Und dieses brutale – ein Strumpf war es wohl, in und über dem Mund!

»Bist du aus dem Bett gefallen, Schätzchen? Ach, das tut mir leid. Mir tut das alles leid. Darfst aber keinen Lärm machen.«

Mein Gott, wie sollte die Kleine denn, wenn er ihr den Knebel abnahm! Es war ihr unmöglich, nicht zu schreien! Er wußte das. Es läge nicht in ihrer Macht. Sie mußte aufschreien, mußte Laute von sich geben, sobald sie konnte.

Aber sie durfte nicht! Sonst käme Towers nie davon.

Was konnte er nur machen? Gedanken flitzten ihm durch den Kopf wie verschreckte Goldfische in einem Glas.

Sie sich schnappen, so wie sie war? Sie mitnehmen? Ja, und an den beiden Frauen an der anderen Tür vorbeirennen, das Kind über die Schulter geworfen. Ein Kidnapper, auch das noch!

Großartig! Nein, nein, lieber nicht.

Er hockte sich auf die Fersen. Seine Hand versuchte

das kleine Mädchen zu trösten, strich ihr übers Haar. Er dachte kalt: »Du sitzt also in der Klemme, Towers?«

Aber dann verflüssigte sich sein Denken wieder, und in dem Fischgeflitze und der Panik dachte er, verdammt, nein! Er dachte, ich muß es für die Kleine klarkriegen und außerdem selber verschwinden!

Paß auf dich selber auf, Towers! Sonst tut das keiner. Es fiel ihm wieder ein, in seinen eigenen Worten. Eine Richtschnur, ein Prüfstein.

Na gut! Benutz deinen Verstand! Dem Kind würde außer dem, was bereits passiert war, nichts passieren. Die Frau da draußen würde Nell beschäftigen. Und er, Jed, würde dem Hotel einen Wink geben. Was machte schon ein Unterschied von fünf Minuten, nur noch fünf Minuten...

Im Dunkeln auf dem Boden kauernd, hörte er die Stadt plärren, ihren Lärm aufbranden und abebben wie Gischt auf dem Meer, ebenso ruhelos, ebenso gleichgültig, ebenso vielfältig und ebenso beständig. Und er sah sich selbst, einen Span, getrieben von Wind und Wellen, zu einem anderen Span hingezogen, um herumzuwirbeln, sich zu lösen, Arme zu bekommen, kein Span, sondern ein Schwimmer zu werden und davonzuziehen.

Wenn er erst mal weg war, wer würde je davon erfahren? Er würde diese Fremden nie wieder sehen.

Schöner Schlamassel!

Er beugte sich vor und flüsterte: »Ich hab Angst, daß du weinst, wenn ich das von deinem Mund abmache, Schätzchen. Ich könnt's dir nicht verdenken. Ich hab bloß Angst, du kannst nicht anders. Wir dürfen noch keinen Lärm machen. Hör zu, ich gehe jetzt. Ich gehe jemand holen. Ich hole deinen Daddy.« Seine Hand spürte ihr

Herz höher schlagen. »Ich hol deinen Daddy«, versprach er. »Sei nur noch ein kleines bißchen still. Es wird alles gut.« Er hob sie nicht aufs Bett, denn wo sie lag, war sie besser versteckt. »Ich bin ein Freund«, sagte er albernerweise, aus irgendeiner verblaßten Erinnerung an ein Kinderbuch heraus.

Er stand auf und ging leise zur Tür von 809.

15. Kapitel

»Ich habe gesehen«, sagte Miss Ballew auf ihre präzise Art, »wie das Kind, so nehme ich an, aufrecht im Bett saß und eine Gestalt sich ihm näherte und mit ihm zu ringen schien. Das Geschrei hörte dann unvermittelt auf. Sie sehen also, ich fordere«, sagte sie hastig, »eine Erklärung. Ich kann nicht glauben«, fügte sie heftig hinzu, um das Zittern zu verbergen, das in ihrer Stimme aufzutreten begann, »daß ein erwachsener Mensch gegen ein Kind Gewalt anwenden würde. Was haben Sie eigentlich gemacht?«

Nell wirkte schläfrig.

»Antworten Sie mir«, sagte Miss Ballew ärgerlich. »Wenn Sie es nicht waren, wer war es dann?«

»Sie haben doch gesagt, Sie hätten es *gesehen* –« Im Gesicht des Mädchens lag ein Anflug von Unverschämtheit, etwas Freches, das sofort erstickt werden mußte.

Miss Ballew sagte kalt: »Ganz gewiß habe ich *jemanden* gesehen, der *etwas* tat, was mich sehr beunruhigte. Ich würde Ihnen raten, junge Frau, mich sofort zu dem Kind zu bringen.« (Aber sie fürchtete sich schon wieder. Ihr war schwindlig vor Angst.)

Eine Tür links von ihr und rechts von dem Mädchen ging sehr schnell auf und zu. Ein Mann war auf dem Flur und war rasch hinter Miss Ballew vorbeigehuscht, fast ehe sie den Kopf drehen konnte. Mit langen, gleitenden Schritten eilte er weiter, verschwand um die Ecke. Miss Ballew schwankte im Luftzug seines Vorbeihuschens.

Es war so geschwind, so überraschend, so verstohlen

vor sich gegangen, und das Weiße in seinem Auge hatte aufgeblitzt.

»Wer war das?« Ihre Knie fühlten sich weich an.

Das Mädchen sah aus, als könnte sie vor Wut in die Luft gehen, als würde sie gleich wie Popcorn platzen.

»Heraus damit!« rief Miss Ballew und streckte die Hand aus, um das dumme Ding zu schütteln.

Das Mädchen sank bei ihrer Berührung zusammen. »Oh, oh«, sagte sie. »Oh –«, und beugte den Arm gegen den Türrahmen und vergrub das Gesicht im Arm. »Oh, ich hab solche Angst gehabt. Oh, Miss, wie Sie auch heißen. Oh danke! Sie haben mich gerettet!«

»Was!«

»Dieser... Mann!« sagte Nell erstickt.

»Aber er muß doch aus dem Nebenzimmer gekommen – ja, jetzt sehe ich es! Aus dem Zimmer des Kindes!«

»Ja. Ja«, rief Nell. »Verstehen Sie jetzt? Er war die ganze Zeit da drin. Er hat gesagt, wenn ich Sie nicht abwimmle... Oh!«

»Meine Güte«, sagte Miss Ballew schwach.

»Er hat gesagt, er würde –« Nells Körper preßte sich wie in Qualen an das Holz.

Miss Ballew schwankte und tastete nach der Wand.

»Er ist einfach hier eingedrungen. Er war so wild!« rief Nell, »und stark.« Ihr Gesicht lugte jetzt über den schützenden Arm. »Ich hab nicht gewußt, was ich tun soll!«

Stille pochte im Korridor, während Miss Ballew mit ihrem Verlangen kämpfte, zu Boden zu sinken. Man hörte davon, man las davon, und man fürchtete sich sein Leben lang davor, aber nicht oft begegnete man... Doch der skrupellose, raubtierhafte Mann war natürlich eine unbezweifelbare Tatsache.

»Ich habe überhaupt nichts machen können.« Das Jammern des Mädchens brach den Bann. »Ich konnte nicht – ich bin nicht sehr stark.«

»Aber er entkommt!« stöhnte Miss Ballew. Denn in den Nebeln ihres Entsetzens hörte sie das Gähnen der Tür zur Feuertreppe und ihr Zischen und Zuklappen. Das, fand sie, war ungeheuerlich. Ungeheuerlich! Daß so etwas... in einem anständigen Hotel... und ungestraft blieb! Der Zorn stärkte ihr den Rücken. Sie preßte die Lippen zusammen, sammelte ihre Kräfte und hastete an dem Mädchen vorbei ins Zimmer. Sie ließ ihre stämmige, stabile Gestalt aufs Bett plumpsen und griff nach dem Telefon.

Unten schob Rochelle Parker den Kaugummi gekonnt in die Backentasche. »Ja?«

»Hier spricht Miss Ballew«, sagte die aufgeregte Stimme. »Ich bin in Zimmer – wie?« rief sie dem Mädchen zu. »Wie ist die Nummer?«

»Nummer 807«, sagte das Mädchen ziemlich prompt und ruhig.

»Zimmer 807. Ein Mann ist gerade von hier geflohen.«

»Er ist *was*, Madam?«

»Geflohen. Weggerannt. Er ist weggerannt.« Miss Ballew war häufig gezwungen, ihre Bemerkungen zu übersetzen. »Er hat nichts Gutes im Schilde geführt.« Sie versuchte, sich auf das Wesentliche zu beschränken. »Fassen Sie ihn!« rief Eva Ballew, dann brach ihr alter Fehler wieder durch. »Er muß sich dafür verantworten. Er muß unter Anklage gestellt und zur Rechenschaft gezogen werden. Das ist kriminell, und er muß festgenommen werden.«

»Einen Moment, *bitte*«, sagte Rochelle. Sie drückte den

Knopf, der Pat Perrin diskret an ein Telefon rufen würde. Fast sofort stöpselte sie ihn ein. »Ja?«

»807 ist dran, Pat.«

»Ja, was gibt es?«

»Es war ein Mann hier drin«, sagte Miss Ballew. Es war, als sagte sie ›ein Löwe‹. »Er versucht gerade zu entkommen.«

»Wie hat er ausgesehen?«

»Wie hat er ausgesehen?« rief die Lehrerin dem reglosen Mädchen zu.

Die Lippen des Mädchens öffneten sich, und ihre Zunge glitt heraus, um sie zu befeuchten. »Er... er hat rote Haare gehabt.«

»Rote Haare!« Miss Ballews Stimme informierte gleichzeitig Perrin und zweifelte die Information an, denn das war nicht ihr Eindruck gewesen.

»Ganz dunkelrot«, sagte Nell, »braune Augen, Sommersprossen.«

»Dunkelrot, braune Augen, Sommersprossen und groß. Das habe ich gesehen. Und ich glaube, ein grauer Anzug.«

»Bräunlich«, sagte Nell, »und ein blaues Hemd.«

»Bräunlich? Jedenfalls eine helle Farbe. Und ein blaues Hemd. Und er hat die Treppe genommen, vor kaum zwei Minuten. Es wäre das beste, wenn Sie –«

»Wir werden sehen«, sagte Perrin. »Er ist eingedrungen, sagen Sie?«

»Das kann man wohl sagen«, rief Miss Ballew mit durchdringender Stimme. Genau das war das Wort.

»Mal sehen, ob wir ihn erwischen«, sagte Pat Perrin, der kompetent und gelassen klang. Er legte sofort auf.

Miss Ballew wankte leicht und setzte sich auf. Sie lehnte

sich an das Kopfende. Sie zitterte. »Also so etwas –« keuchte sie. »Ich weiß nicht, wann ich – Was ist passiert? Wie ist er –? Wer –?«

Das Mädchen, das die Tür geschlossen hatte, kam langsam um das Bett herum und setzte sich auf das andere. Ihre Augen waren ein kleines bißchen schräg und von eigenartigem Blau. Sie verschränkte die Hände im Schoß. Unlackierte Nägel. Dunkles, anständiges Kleid. Sittsam geschlossene Fesseln. Abgetragene Schuhe.

Miss Ballew deutete alle diese Zeichen so, wie sie es zwangsläufig tun mußte. »Sie armes Ding«, sagte sie. »Ich weiß nicht einmal, wie Sie heißen.«

»Nell.« Nicht Sonya. Nicht Toni. Schlicht Nell.

»Ich heiße Eva Ballew«, sagte die Dame herzlich. »Sie standen wohl unter schrecklicher Anspannung. Ich fand Ihr Verhalten eigenartig.«

»Sie haben ja keine Ahnung«, sagte Nell matt, und Miss Ballews Herz flatterte beunruhigend. »Ach, Miss Ballew, ich mußte Ihnen all diese Lügen erzählen«, sagte das arme Ding kläglich. »Ich konnte nicht anders. Er war da drin, und er hat gesagt, er würde zuhören, und ich sollte mich ja nicht trauen...«

»Einfach schrecklich«, murmelte die Lehrerin. »Wie ist er überhaupt hier hereingekommen?«

»Ach, er hat geklopft, und natürlich hab ich nachgesehen, wer es ist.« Nell schlang die Hände ineinander. »Und dann hat er mich einfach geschubst.«

»Haben Sie nicht geschrien?« Miss Ballew war der Überzeugung, daß eine Frau stets schrie. Es kam ihr zu diesem Zeitpunkt nicht in den Sinn, daß es überhaupt eine andere Handlungsweise gab.

»Aber er hat gesagt... gesagt, daß er mit den Leuten

befreundet ist«, sagte Nell. »Das konnte ich doch nicht wissen.«

»Nein, natürlich konnten Sie das nicht wissen. Ts, ts. Meinen Sie, er hatte getrunken?«

»Aber ja!« rief Nell. »Schauen Sie!« Sie wirkte sehr jung und geschmeidig, als sie nach der Whiskyflasche griff. Das billige Kleid schmiegte sich eng an ihren Körper. Miss Ballew spürte, wie ein Schauer, ein eher köstlicher, ihre Nerven durchlief. Sie starrte die leere Flasche entsetzt an.

»Und dann«, sagte Nell, »ist Bunny – das ist das kleine Mädchen – sie... sie ist aufgewacht.« Nell schlug die Hände vors Gesicht. Dabei ließ sie die Flasche auf den Boden fallen. Miss Ballews Gedanken wirbelten. So eigenartig. Armes Ding, so außer Fassung, daß sie so unachtsam war.

»Aber, aber«, tröstete sie. »Jetzt ist alles vorbei.« Und dann, ängstlich: »Nicht wahr? Es ist doch nicht –? Nichts?«

Nell hob das Gesicht und schüttelte heftig den Kopf. Ihr lohgelbes Haar flog.

»Nun denn –« sagte Miss Ballew schwach. Ihr Herz raste. Sie fühlte sich krank.

»Jedenfalls«, sagte Nell trübsinnig, »hat er nur einmal versucht, mich zu küssen. Er hat bloß immer weitergetrunken.«

»Sie hätten schreien sollen«, sagte Miss Ballew wie in Trance.

»Aber ich hab solche Angst gehabt, daß ich mich nicht getraut hab... Und ich hab gedacht, es würde vielleicht jemand merken, daß Bunny so laut geweint hat.« Die Augen des Mädchens verdrehten sich.

Miss Ballew spürte sich schuldbewußt erröten.

»Und sie ist wirklich nicht beinahe herausgefallen«, sagte Nell mit plötzlicher, leidenschaftlicher Empörung, »überhaupt nicht! Er war wütend. Das war's. Er hat gedacht, ich versuche auf die Art, na ja, durchs Fenster jemand aufmerksam zu machen, da hat er sie weggezerrt.«

»Du meine Güte...« Miss Ballew dachte, wie gut man daran tat, niemals zu rasch zu glauben, was man zu sehen meinte. Warte stets, merkte sie sich, die andere Seite der Geschichte ab. »Und als sie später so zu schreien anfing? Woran lag das, meine Liebe?«

Nell blickte sich verstört um, warf sich aufs Gesicht, ihre Schultern zuckten, und gleich darauf bebte das Bett von ihrem Schluchzen.

»Aber, aber.« Miss Ballew mühte sich, hinüberzulangen, aber ihr war schwindlig, und sie schaffte es nicht. »Aber, aber«, sagte sie, »nicht doch –« Sie dachte, jemand muß schnell kommen. Sie selbst war wirklich nicht in der Verfassung, sich weiter damit abzugeben. Es war eine Schande, aber sie fühlte sich so schwach wie ein Kätzchen. Vom bloßen Zuhören. Das arme Mädchen mußte einen heftigen Schock erlitten haben. Miss Ballew jedenfalls wußte, daß ihr ebendieses vom bloßen Nachempfinden widerfuhr.

»Sie hat Angst bekommen und zu weinen angefangen«, schluchzte Nell. »Sie hat einfach Angst bekommen. Deshalb hat sie zu weinen angefangen. Aber er war so wütend. Es hat ihn rasend gemacht. Er hat gesagt, sie müßte mit dem Krach aufhören.« Der Kopf schob sich hoch, das Gesicht drehte sich, die feuchten Wimpern hoben sich.

Miss Ballew sank gegen das Kopfbrett, und ihr ziemlich längliches Gesicht wurde weiß. »Dann war *er* das in ihrem Zimmer?«

»Sie haben's doch gesehen...« begehrte Nell auf.

»Ja, ich habe es gesehen. Aber es war zu dunkel. Ich konnte nicht deutlich sehen. Du meine Güte, wenn er dem Kind etwas – «

»Och, *wehgetan* hat er ihr nicht«, sagte Nell und setzte sich plötzlich wieder auf. »Er hat bloß dafür gesorgt, daß sie zu weinen aufhört.« Ein schwaches Lächeln – mitleidig, möglicherweise – zuckte ihr übers Gesicht. »Und ich habe überhaupt nichts machen können, weil er mich in den Schrank gesperrt hat...«

»Unglaublich.« Die Lippen der Lehrerin waren steif.

Nell sah sie ernst an. Das Zimmer versank... als ob all seine emotionsgeladene Luft versinkend umherwirbelte... in Schweigen. »Wissen Sie«, sagte sie, »ich glaube, er war geisteskrank.«

Miss Ballew sagte: »Gibt es – Könnten Sie? Ein Glas Wasser? Oder könnten Sie vielleicht den Hotelarzt rufen. Ich fürchte wirklich, mir wird ganz plötzlich...« Sie schloß die Augen.

Geisteskrankheit war offensichtlich die Erklärung. Für etwas derart Wüstes und Böswilliges war Geisteskrankheit wirklich das richtige Wort.

Im dämmrigen Badezimmer von 807, auf dem kalten Boden, rührte sich Eddie. Sein rechter Arm regte sich, wie man sich im Schlaf regt. Er drehte sich leicht auf die linke Seite. Dann lag er still.

16. Kapitel

Der Hoteldetektiv Pat Perrin legte den Hörer auf und durchquerte ruhigen Schritts die Eingangshalle. Er öffnete die Tür zur Grundfläche der langen, rechteckigen Röhre, in der die Feuertreppe verlief. Aufgrund langer Praxis nahm er neunzig Prozent dessen, was er gerade gehört hatte, mit Vorbehalt auf. Doch um der restlichen zehn Prozent willen stand er still und lauschte. Jedes Geräusch, das wußte er, würde dröhnend zu ihm herabdringen.

Und so war es auch. Jemand war auf den nackten Stufen. Seine Ohren sagten ihm das. Soviel war bis jetzt bestätigt. Er wartete ruhig. Er trug einen Revolver.

Jed war sich darüber im klaren, wie das Getrappel seines Abstiegs in dem engen Raum hallte. Gewandt stoppte er vor einer Tür ab, blieb die ein, zwei Sekunden stehen, die er brauchte, um seinen Pulsschlag wieder zu beruhigen, zog die Tür nach innen auf und trat ruhig auf den Flur des sechsten Stocks hinaus.

Als er den Teppichboden zu den Fahrstühlen überquerte, schloß sich ihm ein Mann – einfach ein Mann – an. Jed achtete darauf, nicht dabei ertappt zu werden, wie er schaute, ob der andere schaute. Der Mann drückte den Abwärtsknopf, was sich Jed mit übermenschlicher Anstrengung verkniff. Er stellte seine Reisetasche ab, widerstand dem Bedürfnis seiner nervösen Hand, sich daran festzuhalten. Verrückterweise fiel ihm ein, daß er eine blaue Krawatte und ein gutes Paar Socken zurückgelassen hatte, verdammt. Sein Kiefer knackte, und er baute bewußt die Spannung darin ab. Ohne zu zappeln beobachtete er die Anzeige, wie es der andere Mann tat, wie es alle vor Fahrstühlen Wartenden anscheinend gezwungenermaßen tun. Der Zeiger glitt abwärts.

Gleichmütig, Fremde, stiegen sie schweigend hintereinander ein, als der Fahrstuhl gehorsam stehenblieb. Und schweigend stiegen sie unten hintereinander aus. Jed ging, ohne nach rechts oder links zu blicken, zum Empfang. Seine Gangart täuschte. Seinem Oberkörper und seinen Schultern war die Anstrengung nicht anzumerken, aber seine langen Beine rammten gegen den Boden und trugen ihn rascher vorwärts, als es den Anschein hatte.

Er sagte knapp: »Ich reise ab. Towers, 821.«

»Gewiß, Mr. Towers.«

»Könnten Sie sich beeilen?« Freundlich und knapp, aber nicht zu drängend. »Hab gerade einen freigewordenen Platz ergattert. Ich kann heute nacht hier abreisen, wenn ich es zum Bahnhof schaffe.« Jed sah auf die Uhr in der Holztäfelung hinter dem Kopf des Mannes.

»Ja, Sir.« Der Empfangschef schien das Tempo nicht zu steigern, aber Jed merkte, daß er keine überflüssige Bewegung machte. Er erkannte die Geschicklichkeit darin. Er zwang sich, stillzustehen.

Pat Perrin wußte Bescheid, als auf der Treppe keine Füße mehr klapperten. Er schnappte sich einen Pagen und postierte ihn in der Nähe der Stelle, wo die Treppe endete, an einer Tür zu einem schmalen Gang, der den Hinterausgang bildete. Er schnappte sich noch einen, der den Eingang zur Bar beobachten sollte, denn durch diesen dämmrigen Eckraum konnte man auf die Straße gelangen.

Er selbst sprach kurz mit einem Fahrstuhlführer. Dann musterte sein geschultes Auge jeden Mann in seinem Blickfeld. »Groß, heller Anzug.« Er schlenderte zwischen den Sesseln umher. Er ging den Teppichboden entlang.

»Was meinen Sie«, fragte Jed gerade freundlich, »zirka fünfundzwanzig Minuten bis zur Penn Station?«

»Das ist knapp, Sir. Könnte hinkommen. So, das wär's.« Der Empfangschef drehte die Rechnung um. Er nahm einen Umschlag aus einem Fach und legte ihn dazu. Jed sah seinen Namen vor sich, in einer Schrift, die er kannte. Ein Brief von Lyn. Lyn Lesley. Er stopfte ihn in seine Jackettasche. (Keine Zeit für sie jetzt.) Er holte Geld hervor.

Perrins Auge prüfte Jeds hochgewachsene Gestalt in dem grauen Anzug. *Dunkles* Haar, *keine* Sommersprossen, *weißes* Hemd. Er ging schweifenden Blicks weiter.

Jed steckte seine Brieftasche ein, hob seine Tasche auf, musterte den vor ihm liegenden Weg, die nicht sehr weite Entfernung zur Drehtür und hinaus. Er war schon so gut wie draußen. Der Empfangschef betrachtete ihn bereits als abgereist. Sich umzudrehen, noch etwas zu sagen, war, als ob man dem Vorwärtsfließen der Zeit selbst widerspräche.

Aber Jed legte die Handfläche geräuschlos auf die Löschunterlage, und der Empfangschef blickte auf.

»Sie schicken besser«, sagte Jed in bedächtigem, sachlichem, nachdrücklichem Ton, um beim ersten und einzigen Mal, wo er es sagen würde, verstanden und beachtet zu werden, »sofort jemanden auf Zimmer 807. Schwierigkeiten. Ein Kind ist in Schwierigkeiten. 807 und 809. Ein kleines Mädchen. Wenn Sie wissen, wo Mr. und Mrs. Jones hingegangen sind, rufen Sie sie an. Es ist ihr Kind.«

Er drehte sich rasch um und ging im selben weichen, täuschenden, sehr schnellen Gang auf dem kürzesten Weg zur Drehtür und ungehindert durch sie hindurch.

Dann stand er draußen, in der freien Nacht, und er war aus der Sache raus, und es war ihr Kind, oder nicht?

Pat Perrin wußte, daß der jemand auf der Treppe die Treppe verlassen hatte. Soviel stimmte. Ob er nach unten gefahren war oder nicht, war die Frage. Sofort spähte Perrin auf die Straße hinaus und sah ihn, groß, dunkel und gutaussehend, im weißen Hemd, wie er unverfänglich stehenblieb, um sich eine Zigarette anzuzünden. Er schob sich durch die Drehtür, winkte mit dem Finger den Portier heran und sagte ein, zwei Worte. Gewissenhaft ließ er einen suchenden Blick über Jeds Rücken gleiten, wandte sich ab, machte auf der Stelle kehrt und ging durch die Eingangshalle zurück, denn ein Flüchtiger würde wohl den anderen Ausgang vorziehen. Er sah Milner am Empfang aufgeregt die Hand heben, als wolle er ihn heranwinken. Beschäftigt (keine Zeit jetzt für ihn), signalisierte er seinerseits und ging vorbei.

Jed wedelte sein Streichholz aus. Na gut. Er hatte also bewiesen, daß Towers eiserne Nerven hatte. Und was jetzt? Taxi? Bus? U-Bahn? Zum Flughafen? Seine Gedanken waren sprunghaft.

Ein Taxi schwenkte an den Bordstein und bremste direkt vor seiner Nase. Ihm war, als fordere es ihn auf. Dann sah er, daß es hier einen Fahrgast abzusetzen hatte. Er trat zur Seite.

Als die Innenbeleuchtung anging, konnte er sie sehen. Junge Frau, blond, attraktiv, in Partykleidung.

Die Tasche zu Füßen stand er da und blies Rauch aus. Da war ein Taxi, das sich vor ihm leerte, frei wurde, und darin würde er im Handumdrehen verschwunden sein. Rauch strömte aus seinem Mund. Er wandte halb den Kopf. Er schaute (weil er irgendwie gezwungen war zu schauen) hinter sich empor, auf die schachbrettartige Fassade, den hohen Klotz, das flache und verschwiegene Gesicht des Hotels Majestic.

Das Mädchen aus dem Taxi stieg aus, ihr Wechselgeld, Scheine und Münzen, in der bloßen Hand. Sie raffte mit einer Hand ihr langes Kleid, aquamarinblauer Samt über rosenroter Seide. Ihre goldenen Slipper traten rasch auf den grauen Bürgersteig. Sie ging an Jed vorbei. Ihr Blick huschte ausdruckslos über sein Gesicht, und er sah ihr ausdruckslos nach, denn sie waren Fremde.

Jed sah den Portier heranscharwenzeln und die Tür herumwirbeln. Die Taxitür vor ihm blieb offen. Sie ermunterte, reizte, lockte. Schließlich sagte sie zu ihm: »Na?«

Er trat näher und streckte eine Hand aus, zog den Kopf ein, lüpfte mit der anderen Hand seine Tasche und hob ein Knie... Etwas traf ihn. Ihm war, als stieße er mit dem Gesicht gegen ein Hindernis, das so weich, schmiegsam, nachgiebig und leicht zu durchdringen war wie ein Spinnennetz. Etwas, das nicht greifbarer war als die Luft selbst. Nur ein schwacher Duft... der ihm aus der Fahrgastkabine des Taxis ins Gesicht wehte. Ein Parfüm ließ ihn innehalten, weil er diesen Duft kannte und sich ihm davon der Magen umdrehte. Aber er stank ja selbst danach! Natürlich. Es war an *ihm*! Es kam von ihm selbst.

Er bellte: »Entschuldigung«, und knallte die Tür zu. Er hob Genehmigung und Befehl erteilend die Hand. Fahr zu. Die Gänge des Taxis knurrten ihn an. Es fuhr eingeschnappt weg, sagte mit einem Schlenker seiner hinteren Stoßstange: »Entschließ dich endlich, Blödmann!«

Jed trat seine Zigarette aus. Er fühlte sich wie auf dem Bürgersteig angewurzelt, und seine Füße ruckten an der unsichtbaren Kette. Na gut. Er würde sich mit diesem ekelhaften Geruch nicht einschließen. Damit basta. Er würde sich auslüften. Also zu Fuß gehen. Schlepp deine verdammte Tasche. Aber setz dich endlich in Bewegung, Blödmann! Vor Wut, vor dieser Art von Wut, blieb er stocksteif stehen. Seine Hand kam hoch, um vor seinem Gesicht entlangzuwischen.

Milner, der Mann am Empfang, beugte sich beschwörend vor, aber Pat Perrin war außer Reichweite für einen leisen Zuruf, und ein lauter Zuruf ginge keinesfalls. Milners immer noch verschreckte Augen blinzelten. Towers, 821. Achter Stock, klar. Der Kerl könnte wissen, wovon er redete. Etwas nicht in Ordnung auf 807? Peter O. Jones, 807 und 809. Mr. Milner wußte nicht, wo die Jones' waren. Er war ebenso verärgert wie verschreckt. Aber natürlich würde er es überprüfen. Es ginge keinesfalls, einen solchen Hinweis nicht zu überprüfen.

Er nahm einen Hörer ab und drehte sich um, blickte aus irgendeinem Grund ängstlich auf die Zeiger der Uhr. »Gibst du mir bitte 807, Rochelle?«

»Aber klar.« Rochelle merkte auf. Sie dachte: »Junge, Junge, irgendwas ist los!« Sie dachte: »*Ich* hab schon vor Stunden da oben Lunte gerochen.« Sie freute sich ziemlich. Bei diesem Job gab es lange Zeitspannen, die ziemlich langweilig waren. Sie hoffte, das hier würde interessant werden. Was es auch immer war. Sie sagte sanft: »Was ist denn los, Mr. Milner?«

Da Mr. Milner es nicht wußte, wurde er hochfahrend. »Würdest du bitte dort anläuten?«

»O.k., O.k.« Er hörte Rochelle anläuten. Den Hörer in der Hand stand er da und starrte auf die Uhr, als könne er durch die Willenskraft des menschlichen Auges die Zeit anhalten, während Ruth O. Jones raschelnd hinter ihm vorbeiging.

Nicht nötig, sich wegen des Schlüssels aufzuhalten, überlegte sie, da ja Nell da war, um aufzumachen. Außerdem würde das Zeit kosten. Ihr Gefühl, daß die Zeit ungenutzt verstrich, kam daher, daß sie schon allzu lang hatte kommen wollen. Nur daher. In der Eingangshalle war doch alles wie gehabt, wie gehabt.

Ruthie mit ihrem Bammel. Betty würde vielleicht lachen! Betty die Stadtpflanze. Betty das Miststück, das abgesagt hatte. Warum ich allerdings annehme, daß ausgerechnet *die* so verläßlich ist... Betty und *ihr* Wertsystem... Betty, die noch nicht einmal weiß, wozu eine Frau da ist... Es war natürlich die Blutsverwandtschaft. Es war die bloße Tatsache, daß Peters Schwester keine Fremde sein konnte.

Nun begann Ruth (denn oben würde alles wie gehabt sein), sich Ausreden zurechtzulegen. Man konnte nicht sagen, ich bin gekommen, weil ich Ihnen kein bißchen traue, meine Liebe. Nein. Aber man konnte sagen, ich wollte mir ein sauberes Taschentuch holen, was ziemlich lahm wäre. Sichtlich auch keine Träger, die hätten reißen können. Aber vielleicht eine Tablette. Vielleicht irgendein von zu Hause mitgebrachtes Medikament. Gegen Kopfschmerzen vielleicht. Das ginge.

Ein Mann in braunem Anzug sprach in ziemlich offiziellem Ton mit dem Fahrstuhlführer. Er hörte nicht auf zu reden. »Verzeihung«, fragte Ruth. »Fährt dieser Fahrstuhl nach oben?«

»Gleich, Ma'am.«

»Danke.« Sie trat vorbei. Die beiden murmelten weiter miteinander. Der Fahrstuhlführer sagte: »Mit mir ist er nicht gefahren.«

Ruths Fuß in dem goldenen Slipper zuckte. Nun sei nicht albern! Auf einen Moment kommt es wirklich nicht an! (Außer auf der inneren Uhr ihrer bangen Ahnung.)

17. Kapitel

Nell ließ das Wasser laufen. Dann füllte sie das Glas. Das Glas in der Hand stand sie da und drehte den Hahn ein-, zweimal auf und zu. Ihr Gesicht war verdrossen und ein wenig gelangweilt und müde, während sie hinabsah auf die Gestalt des kleinen Mannes auf dem Badezimmerboden, der dalag, als schliefe er normal, leicht zur Seite gedreht, wie um es bequem zu haben.

Die Haut um seine Augen zuckte, als setze ihm das helle Licht zu. Sie runzelte leicht die Stirn, und dann schien ihr ganzer Körper die Achseln zu zucken, um das Problem abzuschütteln und liegenzulassen. Zum Teufel damit. Sie knipste das Licht aus, öffnete die Tür, die sie zwischen sich und 807 so geschwind geschlossen hatte, und zog sie beim Hindurchtreten flink hinter sich zu. »Miss Ballew?« Sie war die liebevolle Fürsorglichkeit selbst.

Die Lehrerin rezitierte mit geschlossenen Augen stumm Gedichte. Damit ließ sich der Ausschüttung der Angststoffe ins Blut, der ganzen in Aufruhr versetzten inneren Chemie ein Schnippchen schlagen. Manchmal konnte sie, indem sie die Aufmerksamkeit des Verstandes auf etwas anderes lenkte, das Hämmern des aufgestachelten Herzens aushalten, verlangsamen und besiegen.

»Ach, vielen Dank, meine Liebe. Das ist wirklich so kläglich von mir.« Ihre Zähne klapperten. »Aber ich führe ein ziemlich ruhiges Leben. Ich komme selten...« Das Telefon klingelte. Das Glas war noch in Nells Hand. »Ich nehme ab«, stammelte Miss Ballew und warf sich herum.

Nell setzte sich still. Ihre Zehen krümmten sich fast unmerklich einwärts, dann auswärts. Ihre Fingerspitzen tanzten ein wenig auf dem kühlen, beschlagenen Glas.

»Ja?« bibberte die Lehrerin.

»Hier spricht der Empfang. Mir ist gemeldet worden, es gäbe irgendwelche Schwierigkeiten. Vielleicht können Sie mir Näheres sagen?«

»Schwierigkeiten!« platzte Miss Ballew heraus. »Und *ob* es Schwierigkeiten gegeben hat. Ich habe schon vor langer Zeit mit jemandem gesprochen! Wer war das denn? Mittlerweile sollten Sie nun wirklich etwas erreicht haben. Nun sagen Sie bloß! Haben Sie ihn denn nicht *aufgehalten?*«

»Verzeihung«, sagte die verblüffte Stimme.

»Haben Sie diesen Mann aufgehalten oder nicht? Ich habe Ihnen doch gesagt – ich habe ihn beschrieben.«

»Wer spricht da, bitte?«

»Hier spricht Miss Eva Ballew. Ich habe 823, bin im Moment aber in 807, wie Sie wissen sollten, da Sie ja hier mit mir sprechen. Ich habe diese Schwierigkeiten doch schon vor Minuten gemeldet –«

»Ja. Ja, ich verstehe, Miss Ballew«, unterbrach er. »Der Hausdetektiv hat wohl –«

»Hat *wohl!* Raten Sie? Wer sind Sie überhaupt, bitte schön?«

»Ich bin am Empfang, Ma'am.«

»Und Sie wollen mir sagen, Sie wissen es nicht! Sieh da. Wird überhaupt irgend etwas unternommen?«

»Der Hausdetektiv hat offenbar –«

»Offenbar! Sind Sie da unten Männer oder Memmen? Wo ist er denn?«

»Er ist offenb – Er schaut – das heißt, jetzt verstehe ich.«

»Sie kommen zu spät und sind zu langsam«, übertönte sie ihn, »und es ist schon zu lange her. Sie haben diesen Wüstling unverantwortlicherweise entkommen lassen.«

Milner lief ein Schauer über den Rücken. »Aber das Kind ist wohlauf?« fragte er.

»Das Kind? Aber ja, ich glaube schon –«

Milner, ein Mann, keine Memme, machte sich ein Vergnügen daraus, mit unangenehmer Stimme zu sagen: »*Wollen Sie etwa damit sagen, daß Sie es nicht wissen?*«, zu blaffen: »Es kommt sofort ein Verantwortlicher nach oben«, und den Hörer aufzuknallen. Aber er war gleichwohl erleichtert. Pat Perrin wußte Bescheid.

Miss Ballew legte auf, und ihr Blick war gequält. So oft war ihr diese körperliche Schwäche schon in den Rücken gefallen. So oft hatte sie schon dazu geführt, daß sie sich schämte. Sie wußte so genau, was man tun sollte, aber das schwache Fleisch war ein Hemmnis.

»Was war denn?« sagte Nell.

»Sie... jemand kommt nach oben. Sie scheinen verwirrt zu sein.« Und ich, dachte Miss Ballew, bin ein jämmerlicher, erbärmlicher, hasenherziger Tropf. Und sie versuchte, die Beine zu verlagern.

»Er ist entkommen?«

»Offenbar.« Es hatte keinen Sinn. Ihre Beine waren immer noch weich. »Meine Liebe«, sagte sie traurig, »sollten Sie nicht besser nach dem Kind sehen?«

»Ach so, ja«, sagte Nell rasch. Aber sie erhob sich ohne Hast, ja eher langsam und zögernd. »Mögen Sie nicht das Glas Wasser?« Sie schien nicht zu wissen, was sie damit anfangen sollte.

Miss Ballew nahm das Glas entgegen. Sie war nicht dumm. Nun, da sie sich ihrer Schuld bewußt war und ihr klar wurde, daß schon längst jemand zu dem armen, verängstigten Kind, dem verschreckten kleinen Mädchen hätte hineingehen müssen, begann sie sich zu fragen, warum Nell nicht gegangen war. Nell, in deren Obhut sie war, hatte statt dessen einer Fremden Wasser geholt. Es wirkte nicht richtig. Das Naheliegende war nicht zuerst geschehen. Nein, es wirkte falsch. Fetzen ihres ersten Wortwechsels kamen ihr wieder in den Sinn. Nells Grobheit und das eigenartige Verhalten. Es leuchtete ihr nicht mehr so ohne weiteres ein. Und außerdem schien sie vor ihrem geistigen Auge zu sehen, daß der Mann im Flur keine Sommersprossen auf der abgewandten Wange und kein Blau in der Kleidung gehabt hatte.

Sie sah Nell an. Sie murmelte: »Es ist wirklich unfaßbar.« Das Mädchen schien höflich darauf zu warten, daß sie fortfuhr, und verstand vielleicht gar nicht. »Es ist kaum zu glauben«, übersetzte Miss Ballew. »Ich habe noch nie eine so abenteuerliche Geschichte gehört. Das Verhalten dieses Mannes scheint keinen Sinn... nicht einmal die Methode eines Wahnsinnigen zu haben. Sind Sie sicher?«

»Was?«

»Sind Sie sicher, daß Sie ihn nicht ermutigt haben?«

»Ich hab nichts getan«, sagte Nell mit überraschtem Blick. »Ich weiß nicht, was Sie meinen.«

Auch das war so ein Wortfetzen, und er wirkte falsch. »Na hören Sie, natürlich wissen Sie, was ich meine.« Miss Ballew sah ärgerlich aus, beherrschte sich aber. »Schon gut. Dies ist nicht der Zeitpunkt für Diskussionen. Sehen Sie doch nach dem Kind, meine Liebe, und bringen Sie es hier herein. Armes, armes Baby. Wenn der Detektiv kommt« – ihre Stimme verlor den gewohnt belehrenden Ton – »wird er ganz gewiß...«

»Wird er was?« Nell runzelte leicht die Stirn.

»Ich will damit sagen«, meinte Miss Ballew trocken, um Fairneß bemüht, »er hat vielleicht schon häufiger derartiges erlebt... vielleicht passiert so etwas häufiger, als meine Schulweisheit sich träumen läßt. Und natürlich«, fügte sie gedankenvoll hinzu, »wird das Kind... Wie alt ist das Kind?«

»Wie alt?«

»Sie ist doch kein Säugling und alt genug zum Reden?«

»Natürlich«, sagte Nell verwundert. »Sie ist neun, glaub ich.«

»Das ist ja ein Segen«, sagte Miss Ballew, »denn sie wird Ihre Geschichte natürlich untermauern können.«

Nell stand einfach bloß da, wirkte stumpfsinnig, ja fast, als schliefe sie ein.

Welch ein Handikap, einen so begrenzten Wortschatz zu haben, dachte die Lehrerin. »Untermauern bedeutet bestätigen«, erklärte sie, »dieselbe Geschichte erzählen, oder genug, um sie zu beweisen, verstehen Sie? Deswegen habe ich darauf hingewiesen –«

»Und Segen«, sagte Nell, »heißt Glück.« Sie lächelte. Aber sie tanzte ja! Sie stand auf derselben Stelle, dort am Fuß des Bettes, aber für einen Augenblick hatte Miss Ballew den deutlichen Eindruck, daß sie tanzte. Sogar ihr Gesicht hatte einen verschmitzten, schelmischen Ausdruck. Spitzbübisch, als fiele ihr etwas ein, als käme ihr ein Gedanke oder als kenne sie ein unheilvolles Geheimnis.

»Ich kenne mehr Wörter, als Sie denken«, sagte Nell. »Und ich kapier das mit der Zukunft.« Sie warf die Hände hoch... ja, es war ein Tanz! (Miss Ballew sah verblüfft zu.) Und dann flappte der schwarze Rock und bauschte sich von dem federnden Bogen ab und schwang herum...

Und das Mädchen stützte sich auf die steifen Arme, die Knöchel weiß auf dem Fußbrett, die Augen ganz weit aufgerissen, ganz blau. »Ich... ich frag mich...« Die Augäpfel verdrehten sich in schleichender Furcht, und die schleichende Furcht stieg in Miss Ballew auf.

»Sie ist schrecklich still«, sagte Nell sanft, ganz sanft. »*Nicht* wahr?«

Miss Ballew griff sich an die Kehle.

»Finden Sie das nicht... komisch?«

»K-kom –« Miss Ballew fuhr mit dem Arm durch die Luft.

Nell zog die Unterlippe zwischen die Zähne. Nun wirkte sie sehr ernst und gedankenvoll. Sie ging auf leisen Sohlen zur Verbindungstür. Ihre Hand drehte langsam den Knauf, und irgendwelche Nerven in der Schläfe der Lehrerin drehten sich qualvoll mit.

Der Schließer glitt zurück. Die Tür gähnte. Kein Laut drang aus 809.

»Bunny?« rief Nell sanft, ganz sanft.

Es kam keine Antwort.

»Bunny!« Der Rücken des Mädchens erbebte wie von einem langen Schauer. Nur Stille antwortete ihr. Ihre Augen rollten, als sie sich umblickte. »Ich hab Angst...« wimmerte sie.

Miss Ballew hatte ebenfalls Angst. Sie konnte sich absolut nicht rühren. Ihre Ohren waren sich sicher, daß diese entsetzliche Stille tatsächlich existierte. »Aber Sie haben gesagt – Aber Sie haben mir doch erzählt, er hätte ihr... nichts getan...«

»Er war *hinterher* da drin. Nachdem Sie geklopft haben. Denken Sie...«

»Nicht denken! Schon gar nicht sagen!«

Aber Nells Worte fielen wie ein Schicksalsspruch. »Vielleicht ist ihm eingefallen... Sie ist alt genug zum Reden...«

»Vater unser, der du bist im Himmel«, murmelte Miss Ballew. »Flehen zu dir... von dem Bösen...«

»Es wäre«, sagte Nell mit glasigem Blick, »so leicht. Sie ist bloß... ein kleines Ding...«

»Sehen Sie nach!« schrie Miss Ballew, auf den Ellbogen gestützt, aber trotz allem gelähmt. »Um Himmels willen, Mädchen! Gehen Sie da hinein und sehen Sie nach!«

18. Kapitel

Lyn berührte ihn am Arm. Er zuckte vor ihrer Berührung zurück, als ob er erwartete, daß ein Schlag folgte. (Ja! Eiserne Nerven, Towers?)

»Lyn! Ach du meine – ich habe gedacht...«

»Haben sie dir meinen Brief nicht gegeben?«

Sie war da und keine Erscheinung, stand neben ihm, und im Licht der Großstadtnacht war ihr Gesicht auf liebbesonnene Weise verwundert, daß er so verblüfft war, sie zu sehen. Ah, sie war lieb und normal.

»Mein Gott, du siehst...« Er packte ihren wollenen, blauen Ärmel. »Was machst du hier um diese Zeit? Du bist *allein* durch die Stadt gezogen! Es ist einfach zu spät. Lyn.«

»Ich hab keine Angst...«

»Die Straße ist nicht der richtige Ort –«

»Ich *war* nicht –«

»Es ist mir egal, wo du –«

»Niemand hat mich –«

»So schlau solltest du eigentlich sein!«

»Sei doch nicht so –«

»Dummchen...«

»Ach, Jed!« klagte sie. Kurz vor dem gleichen alten Streit bebten sie zurück. Die gleiche verdammte Geschichte. Jed trat sogar auf dem Bürgersteig zurück.

»Ich glaube, so haben wir schon mal angefangen«, murmelte er.

»Und ich hab Schluß gemacht«, sagte sie mit unsicherem Lachen. Ihre Augen waren nicht lustig. Aber sie waren lieb und normal. Er steckte die Hand in die Tasche.

»Jed, hast du es nicht gelesen?«

»Nein, ich . . . noch nicht.« Er wühlte nach dem Umschlag. Er fühlte sich bedrängt . . . bedrängt. Nicht imstande, sie zu sehen. Sie war zu früh hier. Er hielt ihren Brief untätig in der Hand.

»Ist nicht weiter wichtig.« Sie versuchte, ihn sanft an sich zu nehmen, aber er weigerte sich, ihn loszulassen. »Ich habe gewartet und gewartet«, sagte sie atemlos. »In der Eingangshalle, Jed. Da konnte mir nichts passieren. Ich wollte gerade aufgeben und nach Hause gehen. Ich bin in den Drugstore gegangen . . . habe dich gesehen . . . ich habe auf deinem Zimmer angerufen.«

Er gab keine Antwort, brachte keine Entschuldigung, keine Erklärung vor.

»Ich habe eine Ewigkeit gewartet«, sagte sie.

»Warum, Liebes?« fragte er sanft.

Lyns Gesicht sah so aus, als sei sie zu Tränen gerührt, aber sie weinte nicht, und sie wandte das Gesicht nicht ab. »Weil es mir leid tut, Jed. Viel mehr gibt es dazu nicht zu sagen. Ich schäme mich dafür, daß ich so dickköpfig und ekelhaft gewesen bin. Bestimmt warst du mehr im Recht, als ich zugeben wollte, während ich so böse war.«

»Schon gut.« Er schlang den Arm um sie. »Schon gut. Schon gut.« Er dachte, das sieht ihr wieder mal ähnlich! Diese Art von ulkiger, hochgesinnter, übertriebener Fairneß, dieses stolze Herabzerren ihres eigenen Stolzes.

»Ich konnte den Gedanken nicht ertragen, daß du so weit weggehst«, sagte sie ruhig, selbst das Gleichgewicht haltend, obwohl er sie umarmte, »und wir böse aufeinander sind. Das . . . ist eigentlich schon alles.«

»War ich böse auf dich?« sagte er und konnte es kaum glauben.

»Wo bist du hingegangen?« Sie führte die bloßen Finger an die Augen.

»Och, ich... bin mehr oder weniger verduftet«, sagte er vage. Ihm war sehr traurig, sehr traurig zumute. Er hatte ein Gefühl in der Brust, als würde das Herz zerspringen.

»Könnten wir irgendwo etwas trinken? Und würdest du mich nach Hause bringen? Vertragen wir uns wieder, Jed, und vertreiben den üblen Geschmack aus dem Mund, bevor du wegfährst?«

Er blickte auf sie herab. »Du schlägst alles«, sagte er ernst. »Aber du bist lieb. Wie kommt es, daß du dich so...?« Er brach ab. Er blickte auf, und das Steingesicht des Gebäudes über ihm hatte keinen Ausdruck, nichts zu sagen.

»Ich habe dir Sachen gesagt, die ich nicht glaube«, sagte Lyn mit leiser Stimme. »Gilt die Verabredung?«

Etwas Größeres als er packte ihn und schüttelte ihn wie eine Ratte. Er überspielte den Schauder, indem er nach seiner Reisetasche griff. »Die Verabredung gilt, Lyn.« Er ließ seinen Mund sich verziehen und seine Stimme so zärtlich klingen, wie sie mochte, und Lyn lächelte wie der Regenbogen.

Jed sah weg, über ihren Kopf ins Weite. Warum fühlte er sich so bedrängt und traurig? Da war sie, der dickköpfige kleine Schatz, und versuchte, wieder dorthin zu kommen, wo sie gewesen waren. Und warum nicht? Also hatte Towers doch noch seine Verabredung. Oder? War genau wieder da, wo er gewesen war. Oder? (Episode vorbei. Anführungszeichen oben. Ablegen und vergessen.) Hier war Towers am Abend, sein Mädchen am Arm, und sie war schon ein Schatz, wie sie diese stolze Demut trug, wie sie *glaubte* (ihm sank das Herz, weil es so schwer war), darauf vertraute, daß er dem entsprach. Daß sie wieder zusammen sein würden. Sei dem, wie ihm wolle, die Nacht war noch jung, und es war nichts verloren. Überhaupt nichts. Oder etwa doch? Und er konnte seine Tasche irgendwo unterstellen, und dann ging's weiter im Programm! Vorwärts! Ti dum di di...

Auf geht's, Towers. Von da ab, wo du warst. Weiter, genau die Linie entlang, die Linie, die du in deine Zeit geschnitten hast, den Weg, den du vor dir siehst und hinter dir läßt, der, wenn du gescheit bist, ohne alle dummen Umwege geradeaus verläuft...

»Bitte, Jed, gibst du mir meinen Brief?« bat sie sanft. »Du brauchst ihn nicht...«

Er senkte den Blick. Er sagte: »Nein.« Er steckte ihn wieder in die Tasche. O nein! dachte er. Das schauen wir uns an, in irgendeiner dunklen Bar. »Einen Moment noch, Schatz«, fuhr er fort und klang dabei zu seiner Überraschung genauso, als habe er von dem Moment an, als sie ihn am Arm berührt hatte, eben das sagen wollen. Es kam so glatt und unbefangen. »Ich will eben noch was nachsehen. Da drin.«

Sie lächelte. Sie war damit einverstanden. Selbstverständlich, wie er meinte. Er dachte, diese Unbekümmertheit! Aber er berührte sie und schob sie zart in einen Spalt der Drehtür und schob, ihr folgend, die Tür an.

Warum zum Teufel ging er bloß wieder da rein? Neugier? Eines stand jedenfalls fest, er würde Lyn verschweigen, was er vorhatte. Es war sowieso nichts. Würde nur einen Moment dauern. Nicht nötig, eine Ausrede zu erfinden, für sie... den unschuldigen, unbekümmerten kleinen Schatz! Nein, er würde sich bloß schnell umsehen, das war's schon. Er glaubte, ziemlich rasch erkennen zu können, ob sie auch wirklich zu der Kleinen hochgefahren waren. Bestimmt würden Auswirkungen bis herunter in die Eingangshalle dringen, und die würde er spüren können. Vielleicht konnte kein anderer Gast sie wahrnehmen oder deuten. Aber er konnte sie bestimmt erkennen. Und sich beruhigen.

Damit wäre es wirklich abgehakt. Lyn würde nie fragen. Und wenn, würde sie es hinnehmen, wenn er keine Antwort gäbe, wenn er es nie erklärte. Es gab nichts zu erwähnen, nichts, um auch nur daran zu denken, sobald er wußte, daß nichts... ungewiß war.

Dann konnte Towers weitergehen.

Das Hotel an sich wußte, daß etwas los war. Die Neuigkeit verbreitete sich über sein Nervensystem, im Bewußtsein seiner Leute. Die Gäste merkten nichts und würden vielleicht nie etwas davon merken, so wie die Gäste bei vielen anderen Gelegenheiten vieles nicht gemerkt hatten. Aber das Hotel wußte jetzt Bescheid.

Rochelle saß vor ihrer Schalttafel. Sie wußte Bescheid. Sie bereitete sich auf die Rolle der Spinne inmitten ihres Netzes vor. Alles würde schließlich bei ihr zusammenlaufen.

Milner wußte Bescheid und war hinter seiner Fassade nervös, obwohl seine Fassade so hölzern und poliert blieb wie die Walnußtäfelung um ihn herum. Er war im Begriff, seinen Posten zu verlassen. Er hatte eine kurze Unterredung mit dem stellvertretenden Direktor gehabt, und der hatte zugestimmt, daß Milner sich selbst dort hinaufbegeben mußte. Er würde aus seinem Innenraum herauskommen und den Empfang übernehmen.

Der Barkeeper hinter seiner dämmrigen Barrikade im entferntesten Winkel des entferntesten Winkels wußte Bescheid. Der Portier, der Aschenbecher leerte, hatte eine leicht wissende Miene aufgesetzt. Die Pagen wußten Bescheid. »Jemand ist entwischt«, wagten sie einander zuzuraunen, aber ihre wachsamen Augen blieben verschleiert.

Perrin hatte sich schon fast mit dem Gedanken abgefunden, daß der Mann entwischt war. Wenn er's nicht war, sondern sich noch irgendwo versteckte, wo dann? Kein Rotschopf etcetera auf den Fluren, in einem der Aufenthaltsräume. Nicht in den tiefsten Nischen der Bar, nicht auf den Männertoiletten. Wenn er gemeldet war und ein Zimmer hatte und sich *dort* versteckte, mußte man ihn erst mal finden.

Perrin trat an den Empfang und fing Milner ab. »Wen haben wir, der groß ist, rothaarig, mit Sommersprossen, heller Anzug, blaues Hemd?«

»Niemand«, sagte Milner. »Sagen Sie...«

Sie verbannten die Besorgnis aus ihren Gesichtern. Der stellvertretende Direktor sagte: »Jawohl, Mr. Hodges.« Ein Gast nahm seinen Schlüssel, gab eine nachdrückliche, schulmeisterliche Erklärung zum Wetter ab, ging weg.

»Geht's um die Schwierigkeiten auf 807?« sagte der Direktor.

»Ja, die Dame hat den Mann beschrieben...«

»Was hat er eigentlich getan?«

»Eingedrungen«, sagte Perrin trocken.

Milner sagte: »Ein Mann hat mir den Tip gegeben. Ist das Kind wohlauf?«

»Wer?«

»Wer's mir gesagt hat? Das war...«

»Nein, nein. Was für ein Kind?«

»Kleines Mädchen. Jones.«

»Ich fahr mal lieber da rauf«, sagte Perrin gedankenvoll. »Von einem Kind hat mir keiner was gesagt.«

»Es ist gar nicht gut, daß ein Kind betroffen ist. Ich wollte gerade...«

Der Direktor sagte: »Äh – machen Sie kein Aufsehen.«

Zwei von ihnen schwenkten in verschiedene Richtungen ab. Milner umrundete die Dämme aus Walnußholz. Bei den Fahrstühlen traf Perrin wieder mit ihm zusammen.

Die Fahrstühle wußten Bescheid, obwohl sie auf- und abwisperten, ohne etwas zu verraten.

»Kann dem Kind nichts getan haben«, meinte Perrin. »Sie hat bloß gesagt, er ist eingedrungen.«

»Mich hat sie bloß gefragt, ob wir ihn aufgehalten haben«, pflichtete Milner bei. »Abgehauen, was?«

»Ja, er ist nicht mehr da oben.«

»Nerven?« sagte Milner hoffnungsvoll. Perrin zuckte die Achseln. Was es auch war, sie nahmen an, daß es bis auf die Hysterie ausgestanden war.

Ein Fahrstuhl wisperte abwärts. »Na, da ist ja Towers.« Milner sah genauer hin. »Der Bursche, der mir den Tip gegeben hat. Hab gedacht, der – ach so...«

»Ach so was?«

»Er hat das Mädchen. Sie hat ihn gefunden.« Milner entspannte sich.

»Achter«, sagte Perrin ruhig und stieg ein. Der Fahrstuhlführer zuckte nur mit einer Wimper. Aber er wußte Bescheid.

»Nach oben? Nach oben?« zwitscherte Mrs. McMurdock. »Komm, Bobo. Komm, Schätzchen. Zeit fürs Bettchen.« Der kleine Hund lief in den Aufzug und schnüffelte feucht an Perrins Socken. Milner und er wechselten Blicke. Die Kabine ruckte an.

»Er fährt schrecklich gern«, sagte Mrs. McMurdock. »Stimmt's, Bobo? Stimmt's, mein Kleiner? Fährt schrecklich gern! Doch, wirklich! Fährt einfach schrecklich gern!«

Sie wußte nicht Bescheid.

19. Kapitel

Während Ruth sanft nach oben fuhr, stopfte sie ihr Wechselgeld in ihre Abendtasche, ohne auf ihre Hände zu achten. Sie hielt den Blick auf die blanke Metalltür gerichtet, hinter der die Stockwerke vorbeiglitten. Sie war der einzige Fahrgast. Der Fahrstuhl hielt nur für sie. Als er weich ausglitt und in das leise Ruckeln überging, mit dem er genau auf Höhe des achten Stocks stehen blieb, verspürte sie ein perverses Bedauern über das Ende einer Nervenprobe, ein Widerstreben gegen die Notwendigkeit, von einer Stimmung auf eine andere umzuschalten.

Sie stieg aus. Hinter ihr blieb die Kabine eine Sekunde länger als normal, wo sie war, während der Fahrstuhlführer auf die Eigenart der Stille hier oben lauschte. Es schien bloße Stille zu sein. Enttäuscht schaute er auf seine Lämpchen, drückte den Hebel und glitt abwärts.

Für Ruth war der Korridor wie gehabt, wie gehabt. Sie eilte nach links. Sie bog um die Ecke.

Die Tür von 807 sah wie gehabt aus ... ebenso nichtssagend und glatt wie alle anderen. Bereite dich darauf vor, umzuschalten. Drinnen würde das Mädchen dösen und Bunny tief schlafen, und der Umziehkram ihrer Eltern würde noch genauso herumliegen, wie sie ihn zurückgelassen hatten. Schalt um. Die Stimmung ist jetzt gedämpft. Es ist die Stimmung des – Alles ist in bester Ordnung. Natürlich. Aber gewiß doch. Ruth klopfte leise.

Sofort rief eine sehr aufgeregte Frauenstimme: »Ja doch! Herein! Kommen Sie doch herein!«

Ruths Stimmung schlug blitzartig um. Ihre Hand schnellte zum Türknauf. Sie platzte ins Zimmer und begegnete dem verschreckten Blick einer ziemlich beleibten Frau mittleren Alters, die sie noch nie im Leben gesehen hatte und die in angespannter Haltung halb auf Ruths Bett saß, halb lag. Das schwarze Kleid der Frau saß schief an ihren stämmigen Beinen, und auch ihre mausgraue Frisur saß schief. »Wer sind Sie!« rief die Fremde mit einer Stimme, die ebenfalls schief war.

Aber Ruth tat das Nächstliegende zuerst.

Ihr goldenes Täschchen fiel ihr aus der Hand. Ohne ein Wort stürzte sie mit erhobenen Händen durch 807 nach 809. Sie hieb gegen die angelehnte Tür, und sie schwang weiter auf. 809 war nicht erleuchtet. Ruth fuhr wie ein Pfeil auf den Lichtschalter los. Sie wirbelte herum.

Sie sah Bunnys bloße, zuckende Füße auf dem Bett und den dunklen, gekrümmten Rücken des Mädchens. Ruth rief aus: »Was ist hier los?« Sie erhaschte einen Blick auf Bunnys zugebundenen Mund und sah dann das sich verständnislos zu ihr umwendende Gesicht des Mädchens, das schläfrig Böse in dem verdrossenen, gleichgültigen Blick, und wußte, was die tückischen Hände gerade tun wollten.

Ohne einen Schrei auszustoßen, stürzte sich Ruth einfach auf sie. Ihre Hände verkrallten sich in den Schultern, und sie wuchtete mit aller Kraft nach hinten, um das Böse wegzuziehen. Immer noch schrie sie nicht. Statt dessen rief sie mit beinahe heiterer Stimme: »Alles ist gut, Bunny. Ich bin's. Mami.«

Die Schultern rollten, wanden sich und entglitten ihr. Der Körper des Mädchens schnellte heftig herum. Ruth spürte, wie sie nach hinten geschleudert wurde, und stauchte sich das Kreuz, als sie damit gegen das andere Bett krachte, und spürte, wie ihr Nacken vom Zurückschnellen des Kopfes knackte. Sie warf sich rasch herum und glitt nach unten auf die Knie, hörte dabei Seide reißen. Sie schloß beide Hände um einen Knöchel. Sie kroch ziehend und zerrend rückwärts, aus dem schmalen Spalt zwischen den Betten heraus. *Zieh es von Bunny weg.* Das war das Wichtigste. Und Nell kam, hüpfend, wankend, tretend… und ihre Hände krallten nach Ruths Gesicht, waren auf Ruths Augen aus.

O.k., dachte Ruth. *Na gut.*

Ruth war nicht immer eine anmutige junge Dame, eine hübsche Ehefrau, eine liebevolle Mutter gewesen. Zu ihrer Zeit hatte sie so manchen schwierigen Baum erklettert und war an knubbeligen Knien mit baumelnden Zöpfen von Leitern herabgegangen. Und sie hatte die anderen Kinder von Badeflößen und über Dächer gejagt. Und sie hatte außerdem Basketball gespielt, in einer harten Mannschaft, sogar im sogenannten freien Stil, was bedeutete, daß sie wie die anderen an Haaren gezogen, gebissen und gestoßen hatte. Und sie war die Sportplätze von vielen Schulen auf- und abgerannt und hatte Hockeyschläger gegen die Schienbeine geknallt bekommen. Sie hatte ihre blauen Flecke abgekriegt und ausgeteilt. Die Welt der direkten körperlichen Auseinandersetzung, gewalttätig und schmerzhaft, war ihr nicht immer fremd gewesen.

»So!« zischte sie mit zusammengebissenen Zähnen. Ihre Augäpfel blitzten, als sie die Hände in das gelbliche Haar wühlte und daran zerrte, und das Mädchen kreischte und fiel sich windend vornüber, und Ruth wälzte sich auf dem harten Boden, um unter ihr hervorzukommen.

Sie spürte die Zähne in ihrem Unterarm und Schmerzen, als Klauen an ihrer Wange rissen. Ruths lange, rosige Nägel gruben sich ins Fleisch der anderen, wo sie konnten, und mit den scharfkantigen Stöckeln ihrer Absätze hieb sie der anderen gegen die Schienbeine. Ihr Kopf schlug dumpf auf den Teppich und Hände schnitten ihr wie Drähte in den Hals.

Sie hätte ohnehin nicht geschrien.

Sie zog das Knie an. Seide riß, Samt ging entzwei. Sie stemmte der Wildkatze den scharfkantigen, goldenen Absatz in den Bauch und streckte das Bein, und Nell flog zurück. Ruth lief auf den Knien, warf sich auf sie, bekam das Haar zu fassen, hämmerte den Kopf auf den Boden.

Aber der Kopf schnellte wieder hoch. Der Körper in dem schwarzen Kleid war straff und stark. So leicht würde es nicht sein.

Ruth hörte sich in der Kehle knurren, nun da sie frei war. So schnell der Kampf auch ging, bot sie doch mit kaltem Verstand alte Kräfte, alte Tricks auf, und wenn sie nicht ausreichten, begann sie zu erfinden... Schon lange war ihr klargeworden, daß sie hier etwas Wildes und Bösartiges bekämpfte, etwas, das wehtun wollte, dem egal war, wie. Wahrscheinlich wahnsinnig, und aufgrund der vollkommenen Rücksichtslosigkeit stark.

Aber auch Ruth war gestärkt. Sie war wilder als die Range, die sie früher gewesen war. Sie war rabiater als die jugendliche Sportlerin. Sie war Bunnys Mutter, und sie war ohne weiteres fähig, in dieser heiligen Sache absolut rücksichtslos vorzugehen.

Sie sagte sich, *O.k. Na gut.* Und sie hatte keine Angst.

Es kam ihr überhaupt nicht in den Sinn zu schreien. Es schien einzig und allein ihre Aufgabe zu sein, ihr sogar Vergnügen zu machen, mit aller Kraft ihres Körpers und aller List ihres Verstandes zu kämpfen. (Außerhalb aller Regeln, wenn es denn so war, und das war auch O.k.) Es kam ihr auch nicht in den Sinn, sich zu fragen, wer gewinnen würde. Sie schlug ihre kräftigen Zähne ins Handgelenk der Gegnerin, während sie zu überlegen versuchte, wie sie sich eigentlich durchsetzen konnte... mit welchem Trick das gelänge... selbst als sie hin- und hergeschleudert wurde und der erbarmungslose Ellbogen ihr die Brust quetschte.

Miss Ballew schaffte es, die Füße auf den Boden zu setzen, aber die Last ihres Körpers wollte sich auf ihnen nicht im Gleichgewicht halten. Die Säule ihres Beins wollte nicht stehen, das Kniegelenk wollte sich nicht versteifen. Sie wußte mittlerweile, daß sie ewig von Gewissensbissen und Scham geplagt werden würde, wenn sie sich nicht zwänge, in diesem Notfall zu helfen. Aber sie fühlte sich krank. Ihr Herz tat weh. In ihrer Seite saß ein stechender Schmerz. Ihr Verstand wußte, daß ihr Körper log, und ihr Herz bedauerte den verräterischen Sieg des Körpers, während ihre Lippen ängstlich beteten, daß jemand anders kommen möge.

20. Kapitel

Gleich als er in der Eingangshalle stand, wußte Jed, daß das Hotel in sich aufgerüttelt war. Der Aufruhr hatte sich verbreitet. Er sah es an der steifen Haltung eines anderen Kopfes hinter dem Empfang. Er erkannte außerdem, daß eine Suche stattgefunden hatte und noch stattfand. Er sah es am verschleierten Hin- und Herhuschen aller Blicke, am Rücken des Portiers. Auf der Suche nach jemand? Nach wem? Zweifellos nach *ihm*.

Ihm ging auf, daß er durch seinen bloßen Wiedereintritt in diese Mauern ein gewisses Risiko einging. Bestimmt waren sie auf der Suche. Wieder gab sein Verstand die aufgezeichneten Eindrücke wieder, einen flüchtigen Blick des Kerls im braunen Anzug, der sich zwischen den Sesseln hindurchschlängelte, und seine auffordernde Geste und die Reaktion des Türstehers und die *verspätete* Rückkehr des Türstehers zu seinen normalen Aufgaben. Der Mann im braunen Anzug hatte ganz sicher nach jemandem gesucht. Nach wem, wenn nicht nach Jed?

Ganz am anderen Ende der Eingangshalle sah er eben diesen Anzug, denselben Mann, der gerade dort stand und auf einen Fahrstuhl wartete. Der Empfangschef, dem Jed den Hinweis gegeben hatte, stand neben ihm, und über die ganze Länge der Eingangshalle hinweg merkte es Jed, als sie seinen Namen sagten.

Was war da los? Sie *suchten* nach ihm und suchten aus irgendeinem Grund nicht nach *ihm*. Er sah sich gespalten, Gegenstand ihrer Suche und einfach nur Towers, der sich gerade aus 821 abgemeldet hatte. Sie hatten es sich noch nicht zusammengereimt. Aber das würden sie früher oder später. Und zwar leicht. Genau da drüben lungerte nämlich der Junge herum, der das Eis nach oben gebracht hatte. Der ganz für sich allein das fehlende Verbindungsglied war. Wann würde sein suchender Blick auf Jed fallen und ihn erkennen?

Jed bugsierte Lyn so hin, daß sie mit dem Rücken zu den Fahrstühlen stand und er, vorgebeugt, als höre er ihr zu, die beiden über ihren Kopf hinweglugend beobachten konnte. Diese beiden Männer hatten etwas zu sagen. Offensichtlich. Gingen sie *erst jetzt* nachsehen, was im achten Stock los war? Wenn ja, waren sie ganz schön spät dran! Irgendwas mußte schiefgelaufen sein. Es war schon lange her. (Eine lange, lange Zeit für ein hilfloses, verängstigtes kleines Mädchen, das im Dunkeln auf seinen Daddy oder jemand Gleichwertiges wartete.)

Er knirschte mit den Zähnen. Was ging hier nur vor? Lyn stand folgsam still, den Kopf zurückgelegt, um in sein Gesicht aufzublicken. Sie wußte nicht, warum sie da standen. Sie vertraute darauf, daß es einen guten Grund dafür gab. Er sagte rasch:

»Macht's dir was aus? Ich will bloß sehen ... Rede mit mir. Mach irgendwelche Bemerkungen, ja?«

»Du tust reichlich geheimnisvoll«, sagte Lyn leichthin. Es war so offenkundig, daß sie darauf vertraute, daß er einen guten Grund hatte. »Ich soll mich nicht fragen, warum. Ich und die sechshundert.* Lyn, Nummer sechshunderteins.«

* Anspielung auf *The Charge of the Light Brigade* von Alfred Lord Tennyson (A.d.Ü.).

Er spürte seinen Kiefer knacken. »Red weiter.«

Der Fahrstuhl nahm seine Fahrgäste auf ... zwei Männer, eine Frau und einen herumtollenden kleinen Hund.

»Nichts macht einen so stumm wie die Aufforderung, etwas zu sagen. Plötzlich fällt einem nichts mehr ein. Genau wie bei Ferngesprächen. Hm ... ich esse sehr gern Himbeerkuchen, aber die Kerne bleiben mir zwischen den Zähnen hängen. Im Sommer mag ich Gurkensandwiches sehr gern. Ist das besser, als übers Wetter zu reden? Mach ich das gut?«

»Du machst das prima.«

Jed war weitsichtig, schon immer gewesen. Er konnte von hier den Pfeil auf der Anzeige weiterrücken sehen. Er konnte die Zahlen nicht lesen, aber er wußte ja schon, wo der achte war. Er sagte bitterböse: »Warum in Gottes Namen hab ich bloß die verdammte Tür nicht abgeschlossen!«

»Wenn ich Fragen stelle«, sagte Lyn gelassen, »mache ich keine Bemerkungen mehr, nicht wahr? Streich ›nicht wahr‹.«

»Die Tür *dazwischen*«, knurrte er. Er wußte nicht, was er da redete.

»Ach so, dazwischen. Na, das ist schön. Das ist sehr erhellend.«

»Wenn ich Köpfchen hätte ...«

»Aber das hast du, Jed. Doch, ich glaube schon. So gut wie du aussiehst, mußt du Köpfchen haben. Ich glaube, das ist durchaus möglich. Mal sehen, was ist meine Lieblingsblume? In so einem Moment müßte ich das eigentlich wissen, so daß ich es dir sagen kann. Aber ich mag zu viele Blumen zu sehr. Na, nehmen wir Rosen.«

Obwohl er den Blick auf die Anzeige gerichtet hielt,

wußte er, daß Lyns Gesicht friedvoll war. Sie hatte kein Recht! Sein Blick zuckte nach unten. Sie hatte die Hände in den großen Taschen ihres Mantels, und ihr Rücken war zu einem reizenden, fast sehnsüchtigen Bogen durchgedrückt, damit ihr Gesicht sich zu ihm hochwenden konnte, und ihre Augen waren lieb und normal und friedvoll, weil sie glaubte ... Es war dumm von ihr, an irgendwen zu glauben!

»Du siehst aus, als wärst du ungefähr neun Jahre alt«, sagte Jed in bissigem Ton. Und er richtete den Blick wieder auf die Anzeige.

»Och, das glaube ich nicht. Ich glaube, ich sehe ungefähr wie neunzehn aus und gerade so, als wär ich schrecklich in dich verknallt, so eine Backfisch-Verknalltheit. Und du siehst zum Fürchten aus, Jed. Wenn ich wüßte, was los ist, würde ich versuchen zu helfen. Aber das weißt du ja.« (Ich vertraue sogar darauf, daß du mir vertraust.) »Ich soll einfach nur weiterreden, wie? Na, dann red ich eben. Quassel, quassel. Magst du Kammermusik? Ach so, das ist eine Frage. Tja, ich sage immer, es kommt darauf an. Und das stimmt auch. Alles kommt darauf an ...«

Der Zeiger auf der Anzeige war stehengeblieben ... mußte ungefähr im vierten sein. Er schien da festzustecken. War er defekt?

»Komm, mein Kleiner. Komm, mein Kleiner. Ah, unartiger Bobo! (Fährt schrecklich gern!) Aber wir sind zu Hause, mein Kleiner. Zu Hause! Bobo muß jetzt brav sein. Keks? Bobo will seinen Keks? Wenn Bobo seinen Keks will ... Also so ein unartiges, böses Hundchen! Bobo! Hör mir zu! Schluß ... mit ... Fahren. Verstanden, mein Lieber? Zeit fürs Bettchen. Komm, Bobo.«

Bobo wich in die hintere Ecke des Fahrstuhls zurück und setzte sich hin.

Mrs. McMurdock kicherte unterdrückt. »So niedlich! Ist das nicht – kleines Äffchen! Bobo, mein Kleiner, Mama verläßt dich jetzt. Keks, Keks?«

Die Hotelangestellten standen schweigend da. Mrs. McMurdock war ein Gast. Bobo war ein Gast. Ein Gast braucht nicht alles zu wissen, was es zu wissen gibt. Sie trugen ein leichtes, frostiges Lächeln zur Schau, nicht zu ungeduldig, auch nicht zu amüsiert.

Bobo tollte zwischen Milners Knöcheln herum.

»Soll ich ihn hochheben, Madam?« sagte der Fahrstuhlführer höchst respektvoll.

»Nein, nein. Er muß das lernen«, sagte Mrs. McMurdock. »Er wird gleich gehorchen.« Das Problem war, daß Bobo so aussah, als könnte das noch dauern.

Die Hotelangestellten räusperten sich mit berufsmäßiger Geduld. Es würde nicht sehr erfreulich werden, die Frau im achten Stock zu besänftigen und ihr gegenüber einzugestehen, daß ihr tückischer Eindringling entkommen war.

In der Eingangshalle sagte Jimmy: »He, Leute, eins ist komisch. Seht ihr den Kerl da drüben, den mit dem Mädchen? Was hatte der gleich für 'n Zimmer?«

»Zimmer 807.«

»Ja«, nölte Jimmy. »Ja...«

Jeds Augen flackerten in seinem steinernen Gesicht.

»... Schwäche für Rum«, sagte Lyn, »mit rosa Zeug drin. Und man kann ganz schön Durst kriegen, wenn man so viel redet. Der Redestoff geht mir aus, Jed. Wähl mich bloß keiner zum Senator. Ist es jetzt gut? Können wir gehen?«

In Jeds Kopf explodierte das laute NEIN als Antwort.

Ihr Gesicht veränderte sich. Eben noch lieb und schön und vergnügt über den Unsinn, den sie von sich geben konnte. Gleich darauf hatte es all diese hübsche Lebhaftigkeit, das Leuchten und die Farbe verloren. Jed bewirkte das. Durch den Blick, den er auf sie richtete, wischte er ihr den schönen Frieden vom Gesicht.

Er sagte ruhig: »Ich bin ein Schwein, Lyn. Ein richtiges Schwein. Geh heim.«

»Aber Jed, ich habe stundenlang gewar –«

»Warte nicht mehr. Warte überhaupt nicht auf mich.«

Er ging um seine Reisetasche herum. Sein Gesicht war kieselhart. Seine Muskeln drängten vorwärts. Er ging mit so weichen und schnellen Schritten durch die Eingangshalle, daß er zu schweben schien.

Er merkte, daß der Page hochschreckte.

Zum Teufel damit!

Er drückte gegen die Tür zur Feuertreppe.

Ah, Gott, NEIN!

Er hätte die Kleine nicht im Stich lassen dürfen! Was für ein Schwein machte so etwas? Ein Schwein wie Towers. Ein kompletter Nichtsnutz ... Er war traurig, war schon lange traurig darüber. So traurig, daß sein Herz schwer war.

Ah, NEIN!

Ein Paar Socken war nicht das einzige, was er oben im achten Stock zurückgelassen und verloren hatte. Und zwar für immer zurückgelassen hatte. In Rauch aufgelöst! Ja. Das kriegst du nicht wieder zu fassen, genauso wenig wie ein Rauchwölkchen. So etwas gewinnt man nicht zurück.

Und wer würde es schon wissen? *Towers* würde es wissen.

Dieser Abstecher, bis hinunter in die Eingangshalle und nach draußen, war im Grunde nicht bloß ein Umweg. Von dieser Seitenstraße gab es keinen Weg zurück aufs alte Gleis. Kein Weitergehen, kein Wiedereinschwenken. Ewig ein Schwein, Amen.

Aber er ging hinauf. Ging hinauf mit aller gewaltigen Kraft seiner langen, starken Beine, nahm drei Stufen auf einmal, dann zwei, hangelte sich jedoch am Geländer entlang, immer rundherum, erkletterte das Gebäude eher wie ein Affe als ein Mensch, der eine Treppe hochgeht.

Hast den Schwarzen Peter weitergegeben. Towers! Laß die alte Dame sich drum kümmern. Towers! Weiß! Er holte schluchzend Atem.

Er dachte, ich weiß nicht, was ich tue ... weiß, was ich getan habe ... überhaupt nicht dran gedacht, diese Tür abzuschließen. Hätte dafür sorgen können, daß sie da nicht reinkommt. Soviel hätte ich tun können. Er und nur er *allein* (nicht Eddie. Eddie lag bewußtlos auf dem Badezimmerboden) ... Towers *allein* wußte, als was für eine Babysitterin sich diese Nell entpuppte. Wußte, daß die arme Kleine wartete. *Das* konnte die Alte nicht wissen, und was machte sie überhaupt die ganze Zeit? Diskutieren? Kein Grund zu der Annahme ...

Nein, nein. Nur Towers *allein* wußte, daß, Gründe hin oder her, immer und ewig Gefahr bestehen würde, wenn diese Nell in der Nähe war. Aber natürlich Gefahr für jemand anders. Für das Kind von jemand anders. Ein kleines Ding, das nichts dagegen machen konnte. Und so hatte *Towers* die Gefahr für seine ein Meter siebenundachtzig abgeschätzt, für sein eigenes Fell, für sein ... was?

Jetzt fiel ihm keine Gefahr für Towers mehr ein. Wegen *nichts* war er weggelaufen. Wegen des fahlen Schattens von nichts und wieder nichts hatte er verloren, was er verloren hatte.

Dieser komplette Umschwung bereitete ihm Übelkeit. O.k. Hör auf damit, Towers. Was passiert ist, ist passiert. Weiter jetzt.

Achter Stock?

Er mußte in ziemlich guter Verfassung sein.

Verfassung, allerdings!

Da war der Fahrstuhl. Und da standen sie und quatschten. Fragen und Antworten, mit dem Fahrstuhlführer. Der Teufel sollte sie holen. Sie wußten nicht, daß Gefahr bestand. Sonst würden sie sich beeilen. Er begriff nicht, warum sie sich nicht beeilt hatten. Jed stürmte vorbei.

Ach was, wahrscheinlich war Bunny in Ordnung. Wahrscheinlich. Hoffentlich, und wenn, dann war Towers gerade dabei, sich umgehend wieder mitten in den Schlamassel reinzureiten, wegen nichts. Sinnlos. Aber vielleicht auch nicht wegen nichts. Er wußte es nicht. Er wußte nur, er würde sich vergewissern, solange er sich noch aus eigener Kraft bewegen konnte. Er würde da reinplatzen, und wenn die Alte sie noch nicht entdeckt hatte, würde Towers die Kleine losbinden, und zum Teufel mit allem anderen... und fünf Sekunden länger, eine Sekunde, ein Pulsschlag länger war schon zu lang.

Die Tür von Zimmer 807 stand weit offen. Die auf der Bettkante kauernde Alte warf einen einzigen Blick auf Jeds wilde Gestalt, holte tief Atem und stieß einen Schrei aus, der Tote hätte aufwecken können!

Aber Jed war in 809, bevor der Schrei erstarb.

Nell, der die Haare über die Augen hingen, hatte ein

186

Knie auf jeder Seite des schlanken Körpers einer rücklings auf dem Boden liegenden Frau. Ihre Hände waren verklammert, Hand gegen Handgelenk, Arme gegen schmerzende Arme. Die Frau auf dem Boden hatte Blut am Mund, und ihre Wange war aufgerissen, und ihr Atem ging flach und mühsam. Aber ihre Augen waren wach und lauerten noch auf ihre Chance.

Jed packte die kleine Nell an ihrem kurzen Haupthaar. Er riß sie weg. In seinem Griff kam sie kreischend hoch und hing an seiner Hand, vor Überraschung schlapp wie eine mit Sägemehl ausgestopfte Puppe.

Auf dem Flur sahen Milner und Perrin die rennende Gestalt, und in ihren entsetzten Ohren gellte der Schrei der Frau. Perrin zog seinen Revolver, als sie losrannten.

Die Tür von 807 stand sperrangelweit auf.

»Der Mann«, krächzte Miss Ballew, die Stimme belegt und heiser. »Das ist der Mann!« O ja, sie erkannte ihn. Am Unbeschreibbaren. Am Bewegungsablauf, der Kontur des Rückens, der Neigung der Schulter, der Stellung des Kopfes.

»Na *der*«, schluchzte sie. »Der Mann... derselbe!«

Perrin schaute in Richtung 809.

Er sah einen großen Mann mit wutverzerrtem Gesicht ein kleines, blondes Mädchen an den Haaren durch die Tür schleifen. Sah, wie er sie am Holzrahmen vorbeischleifte, als sei es ihm egal, ob sie lebte oder starb, als sei es ihm egal, ob er ihr die Knochen brach.

»Lassen Sie das Mädchen los! Loslassen!«

Jeds Kopf glitt zurück, und die Augen glitzerten über der langen, geraden Nase. »Ich werd den Teufel tun! Sie haben ja keine –«

Perrin schoß.

21. Kapitel

Ruth O. Jones hob die Schultern vom Teppich und zerrte die verdrehten Fetzen und Lumpen ihres Kleides zur Seite, um ihre Beine zu befreien. Sie wischte sich mit dem Arm das Blut vom Mund. Sie fuhr sich mit den Fingern durch die Haare. Einige blieben, mit den Wurzeln ausgerissen, an ihren abgebrochenen Nägeln hängen.

Sie kroch auf den Knien – es war nicht nötig, sich weiter zu erheben – zu Bunnys Bett hinüber.

Sie schenkte dem Schuß, der hinter ihr losging, nicht die geringste Beachtung.

Sie sagte mit ihrer festen Altstimme: »O.k., Schnuckelchen? Du meine Güte, was ist *dir* denn passiert?« Ihr aufgeschlagener Mund küßte zart die Schläfe. Ihre starken, sicheren Finger machten sich an den tückischen Knoten zu schaffen.

Jed blieb irgendwie stehen, weil er Nell fest im Auge behalten mußte. Als er sie loslassen mußte, fiel sie zu Boden, als wäre sie ein Mehlsack. Sobald er sicher war, daß sie so schlaff dalag, wie es den Anschein hatte, schaute er auf seine rechte Hand. Er nahm sie von seiner linken Seite und schaute auf das helle Blut daran.

Er schaute die Männer an, die ihm angespannt und drohend den Weg versperrten, und versuchte zu lächeln. Der Fahrstuhlführer stand hinter ihnen. Dann sah er hinter diesem sein Mädchen, Lyn... die aussah, als guckte sie durch eine Baumschneise, zwischen den Männerleibern hindurch auf das seltsame Tableau.

Ah, das Dummchen! »Geh heim«, sagte er.

Dann hörte er es. Im anderen Zimmer begann Bunny zu weinen.

Über Jeds Gesicht glitt ein Ausdruck des Friedens und der Dankbarkeit. Er wandte sich ab, taumelnd, weil er ernsthaft verletzt war, strauchelte und steuerte auf den großen, braunen Sessel zu. Er glaubte, er setzte sich hinein. Vielleicht war es eher ein Plumpsen.

»Oh, Jed!«

»Aber das ist Towers...«

»Es ist derselbe Mann...«

Jetzt war er schon drei. Oder vielleicht bloß wieder einer. Oder nichts. Egal. Es gab Unterschiede in der Art, wie ein Kind weinte. Komisch... ob man den Unterschied wohl in Noten fassen konnte? Tonhöhe oder Takt oder was? Eine Art zu weinen, die an den Nerven zerrte und einem den Kopf durchbohrte. Diese Art tat das nicht. Nein, überhaupt nicht. Es hörte sich nicht einmal unmelodisch an...

Über Nell gebeugt bellte Perrin: »Was haben Sie mit dem Mädchen gemacht?« Jed hatte keine Lust, sich die Mühe einer Antwort zu machen.

Miss Ballew stieß einen weiteren Schrei reinsten Entsetzens aus. Mit hervorquellenden Augen reagierte sie auf den Anblick des kleinen Mannes in Hotellivree, der in der Badezimmertür stand, sich den Kopf hielt und wie eine Maus zu ihnen heraussah.

»Munro!« donnerte Milner. »Was –«

Eddie blinzelte. Schweigen senkte sich herab, damit sie seine schwache Stimme hören konnten. »Ich glaub... Nell hat wohl schon wieder was angestellt. Oder? Meine Nichte? Nell?«

»Wer?«

Jed riß sich aus der Umnebelung. »Nell, die Babysitterin. Auf dem Boden.« Er nahm sich angestrengt zusammen. »Total plemplem«, sagte er.

Aber Nell wälzte sich nur müde herum. Ihr Arm fiel mit schläfriger Anmut zur Seite und enthüllte ihr Gesicht. Ihre Augen waren geschlossen. Ohne deren Blau wirkte ihr kleines Gesicht vollkommen heiter. Vom Augenwinkel zum Kinn verlief ein langer Kratzer. Es sah so aus, als wäre er aufgemalt worden, als verspüre sie keinen Schmerz. Sie schien zu schlafen.

»Das ist Nell. Ja, sie...« Eddie torkelte näher, um sie anzusehen. »So hat sie's – schon mal gemacht«, sagte er beklommen. »Nach dem Brand, heißt es, hat sie auch geschlafen... ganz genauso.« Er schluckte und blickte ringsum in ihre unbewegten Gesichter. »Wie kann sie schlafen?« wimmerte er.

»Geh mal jemand nachsehen«, sagte Jed müde. »Das ist vermutlich Mrs. Jones. Die da hat sie um ein Haar umgebracht.«

Perrin erhob sich aus der Hocke und wankte durch die Tür. Milners entsetzte Augen schleuderten in plötzlichem Begreifen wütende Blicke dorthin, wo sie seiner Ansicht nach hingehörten. »Munro!«

»Ich... ich hab doch nicht gedacht...«, sagte Eddie. »Irgendwie hab ich immer gehofft, daß sie wieder wird. Aber ich glaub...«

»Das nächste Mal glauben Sie lieber nicht«, sagte Jed. »Lyn, geh heim.«

»Jetzt nicht.« Abgespannt kam sie auf ihn zu. »Ich geh nicht, Jed. Ich muß wissen...«

Er schloß die Augen.

Als draußen im anderen Zimmer, in einer anderen Welt, erneut ein Schrei aufgellte, hörten Ruths Fingerspitzen nicht auf, den kleinen Mund, den der tückische Knebel so entstellt und verunstaltet hatte, zurechtzustreicheln. »So ist's recht. Wein du einfach. Mensch, Bun, hast du mich raufen sehen! Warte, bis wir's Daddy erzählen ... hat alles verpaßt ...« Ruth barg den kleinen Kopf warm an ihrem geschundenen Körper. Trost sickerte von Haut zu Haut. »Wein dir alles von der Seele, mein Schatz. Wein.«

»Mrs. Jones?« sagte ein Mann zu ihr. Es kam ihr vor, als wolle ihm das Haar zu Berge stehen.

»Gehen Sie weg. Pst. Bitte rufen Sie meinen Mann an ...«

Sie streichelte und murmelte weiter. Erst als sie Peters Stimme hörte, entsannen sich ihre Wunden und Schrammen der Schmerzen.

»Uns geht's prima«, sagte Ruth rasch. »Mein lieber Mann, wir haben vielleicht ein Abenteuer erlebt!«

Peters Gesicht war leichenblaß, als er seine Frau und sein Kind musterte.

»Das war die böseste Babysitterin, die ich je gesehen hab«, sagte Bunny empört. Ihre Arme legten sich um den dunklen Kopf ihres Vaters, der sein Gesicht an ihr verbarg. »Die hat mir den Mund zugebunden, Daddy, damit ich nicht weinen kann. Die hat bestimmt nicht gewollt, daß ich so arg weine.«

Peter fuhr hoch und sah sich die Strümpfe an.

»Gefesselt und geknebelt«, sagte Ruth ruhig. Ihr Gesicht sagte mehr.

»Mein G-Gott, die muß aber empfindliche Ohren gehabt haben.« Peters Stimme zitterte. »Ich glaube, sie hat kranke Ohren, Bunny.«

Seine Hände öffneten und schlossen sich. Ruths Blick sagte, ich weiß. Aber es ist vorbei. Sei vorsichtig.

Denn Bunny war gar nicht klar, was ihr beinahe passiert war, und das war auch besser so. Man durfte ein kleines Mädchen von neun Jahren nicht so erschrecken, daß sie ihr Leben lang die Narbe trug. Man mußte versuchen zu heilen, was an Narben zurückblieb. Ruth wußte und erzitterte zutiefst vor diesem Wissen, daß sie Bunny eines Tages wieder alleinlassen würde. Und selbstverständlich mit einer Babysitterin. Sie mußte. (Wenn auch eine ganze Weile nicht mit jemand Fremdem. Vielleicht nie mehr mit jemand völlig Fremdem.) Dennoch, sie würden, so unbeschwert es eben ging, weiterleben, und sie würden sich nicht einschüchtern, nicht bange machen lassen. Das trauten sie sich nicht.

Armer Peter, der im Moment erschüttert war und litt und so hart darum kämpfte, es nicht zu zeigen. Peter wußte all das genau wie sie. Sie waren aufeinander eingestimmt. »Bunny geht's prima, und ich fühl mich auch prima«, sagte sie zu ihm. »Wirklich. Ein paar Kratzer. Haben sie sie weggebracht?«

»Sie kommen gleich. Sie bringen sie ins Krankenhaus«, fügte Peter um Bunnys willen hinzu, »weil sie krank ist, wirklich. Sie kommt nicht mit gesunden Leuten aus.«

»Wird sie wieder gesund«, sagte Bunny mit gewaltigem Schniefen, »mit ihren kranken Ohren?«

»Ich weiß nicht, Schneckchen. Sie lassen sie nicht mehr mit gesunden Leuten zusammen sein, wenn sie nicht ganz gesund wird.«

Bunnys krampfhafte Schluchzer wurden allmählich wie das sanfte, ferne, letzte Donnergrollen eines abziehenden Gewitters. »Daddy.«

»Was, Bun?«

Ruth spürte, wie der Kopf an ihrer Brust sich drehte. »Hat's dir Spaß gemacht?«

Peter konnte nicht antworten. Aber Ruth konnte. »Ach, Bunny, es hat einen Riesenspaß gemacht. Und Daddy hat eine schöne Rede gehalten. Ich wollte, du wärst groß genug gewesen, um mitzukommen.« Sie haspelte weiter. »Daddy ist aufgestanden, und alle Leute, einfach jeder, waren fein angezogen...«

Peter besah sich die Kleidung seiner Frau. »Diese... Kratzer, Schatz«, sagte er kurz darauf mit einer Stimme, als sei seine Kehle halb verstopft. »Da draußen ist ein Arzt.«

Und so kam der Arzt herein und untersuchte sie beide.

»Weißt du«, sagte Ruth, als er gegangen war, und leckte dabei an dem Antiseptikum in ihrem Mund, »ich hätte sie um ein Haar fertiggemacht! Glaub ich jedenfalls!« sagte sie lachend. »Ich sehe bestimmt furchtbar aus, aber ich fühle mich prima.«

Und das tat sie auch. Ah, der arme Peter, der das nachträgliche Entsetzen und den Zorn in sich verschließen und wegstecken mußte. Aber Ruth war ihn mit Zähnen und Klauen losgeworden. Und sie entsann sich jetzt mit Wonne bestimmter Stöße und Schläge. Ihr war ganz friedlich zumute. Hat die Tigerin in mir befriedigt, dachte sie. »Reich mir ein paar von meinen Sachen herein, Peter. Ich gehe hier mit Bun schlafen.«

»O.k., Mädels.«

»Vielleicht bestellen wir heiße Schokolade! Sollen wir? Au ja!«

»Mitten in der Nacht!« quiekte Bunny, und die sanfte, zarte Haut ihres Gesichts kräuselte sich in Verheißung kommenden Vergnügens.

Mit einem Lächeln, das (vor allen, außer vor seiner Frau) die aus seinem Herzen blutenden Tränen verbarg, ging Peter O. Jones nach 807 zurück.

22. Kapitel

Eddie war gegangen, als leichtfertiger Narr verflucht, mit aller bangen, einfältigen Hoffnung, die er seine Vorsicht genannt hatte, Zerknirschung in der wimmernden Stimme. (Mach dir keine Sorgen, Eddie, würde Marie sagen.)

Milner war gegangen, um sich wieder der Walnußtäfelung unten anzugleichen. (Die Sache aus den Zeitungen heraushalten, wenn es irgend geht.)

Perrin war gegangen. (»Tut mir leid, Towers. Sie sehen doch, wie es dazu kam?« »Klar. Ist schon O.k.«) Er ging mit Nell.

Und Nell war gegangen. Immer noch scheinbar schlafend, unschuldig und schön aussehend. Nur Jed sprach mit ihr. Jed sagte (und das schien nötig – irgendwann einmal hatte er das sagen wollen): »Mach's gut, Nell.«

Sie schlief, deshalb antwortete sie nicht. Aber die Wimpern hoben sich träge. (Die tun mir nichts.)

Fast alle waren gegangen. Miss Ballew blieb, krank an der Seele, das vom Arzt empfohlene Beruhigungsmittel in der Hand. Jed saß wieder in dem großen Sessel, das blutige Hemd lose über dem riesigen Verband. Lyn war immer noch da.

Der Arzt mahnte noch einmal, daß Jed sich ein paar Tage erholen müsse, bevor er mit dieser Verletzung eine Reise antreten könne. Dann war er gegangen.

»Du bleibst doch, nicht wahr?« Lyns Mund war starr.

»Ein paar Tage zumindest. Mal sehen.« Jeds Seite stach jetzt wie der Teufel. Telegramme, dachte er, aber dazu ist später Zeit. Vielleicht würde er seine Überlandreise unterbrechen und die Familie besuchen. Hatte irgendwie Lust dazu. Würde sie allerdings ängstigen, wenn er angeschossen auftauchte. »Lyn, würdest du bitte... Deine Familie ist wahrscheinlich... Warum gehst du nicht heim?«

»Bald.« Sie schaute ihn nicht an. Sie schaute auf ihre zitternden Hände.

Peter brachte Ruth deren Sachen, kam zurück, schlug die Frackschöße hoch, setzte sich, stützte den Kopf in die Hände. »Mein Gott.«

Lyn sagte, den Mund unverändert starr: »Sie sind natürlich schrecklich durcheinander. Sollen wir nicht gehen, Jed? Wenn ich dir auf dein Zimmer helfen kann...«

»Oder ich«, sagte Miss Ballew trübsinnig.

»Bleiben Sie noch. Ruth möchte gute Nacht sagen. Kommt gleich.«

»Ihrer kleinen, äh, Bunny geht's gut?« fragte Jed.

»Wird schon wieder. Kinder fangen sich schnell. Gott sei Dank. Trinken Sie einen mit?«

Jed war sich nicht sicher. Er spürte, daß dieses Zimmer ihn zurückwies. Aber er klebte förmlich in seinem Sessel.

»Ich sollte eigentlich heimgehen«, sagte Lyn mit blassem Gesicht. »Ich möchte nicht herumsitzen... im Weg sein.«

»Ich sollte gehen«, sagte Miss Ballew. (Ein nutzloser alter Feigling zu sein und dazu noch hereingelegt zu werden und geistig zu versagen!) »Ich war nicht sehr hilfreich.«

»Regen Sie sich nicht auf«, sagte Peter. »Wir alle versuchen besser, uns nicht aufzuregen.«

Jed verlagerte seine steife Seite, griff langsam in seine Jackettasche, nach dem Umschlag. Er schaffte es, ihn mit einer Hand zu öffnen. Da stand: »Lieber Jed:«. Und das war alles. Nichts weiter.

Tja. Er blickte zurück in die verschwommenen Zeitabschnitte. Es hätte gereicht. Es wäre mehr als genug gewesen. Er zerknüllte den Brief und steckte ihn wieder in die Tasche. Er sah Lyn nicht an.

Peter reichte Drinks herum. »Unsinn, Miss Ballew. Das brauchen Sie. Hier.« Er setzte sich. Seine braunen Augen hefteten sich auf Jeds graue. »Soweit ich es mitbekommen habe, haben Sie Bunny gefesselt zurückgelassen? Aber Sie haben beim Hinausgehen unten am Empfang Bescheid gesagt?« Peters Stimme war beiläufig, zögernd.

»Ich hab gemeint, es geht mich nichts an«, sagte Jed fest. »Ich wollte nicht in einen Schlamassel geraten. Ich hab gemeint, ich komme davon.«

Tja, er war nicht davongekommen. Er war angeschossen worden. Und Towers war ein Schwein. Na gut, das war er eben. Das kleine Mädchen war jetzt O.K. Die Mutter auch. Gott sei Dank nichts, worüber sie nicht hinwegkommen würden. Na gut... wenn Towers als Schwein dastand, war das für sie nicht mehr allzu wichtig.

Graue Augen hefteten sich auf braune. »So ein Schwein bin ich nun mal«, sagte Jed ruhig. »Später bin ich ein bißchen nervös geworden... ein bißchen sehr viel später.«

Miss Ballews Lippen zitterten. »Ich war so dumm«, sagte sie. »Ich war schlimmer als unnütz. Durch meine *Schuld* ...«

Jeds graue Augen begegneten den ihren. Sie sagten, machen Sie sich nicht zu viele Vorwürfe. Sie sagten, ich verstehe. Sie sagten, wir Sünder –

»Mir scheint«, sagte Jed gedehnt, »wenn Sie nach einem Schuldigen suchen... wenn ich erst gar nicht hier rübergekommen wäre...«

»Wenn ich nicht gegangen wäre«, sagte Lyn düster.

»Nein. Lyn...«

»Glauben Sie denn, für *mich* gibt's keine Wenns?« fragte Peter. Braune Augen trafen auf graue. »Wenn ich mir das Mädchen bloß halbwegs genau angeschaut hätte. Ich und meine große, wichtige Rede! Ich hab's Ruthie überlassen. Die hat es natürlich gespürt. Eine Ahnung, wie sie sie manchmal hat. Wenn...«

Jed schüttelte den Kopf.

»Ruth hat gewußt, daß ich sie brauche. Sie hat sich entschieden. Sogar *Ruth* kann sich Vorwürfe machen...« Braune Augen sagten zu grauen, *Sünder wir alle.*

Peter stand auf und ging hin und her. »Ruth sagt, sie hätte sie geschafft. Aber ich weiß nicht...«

»Ich weiß es auch nicht, Sir. Ich kann's nicht sagen.« Wieder hefteten sich Augen aufeinander. »Machen Sie mir bloß nichts vor, Sir«, sagte Jed sanft. »Die waren keine zwei Schritte hinter mir. Sie wären rechtzeitig gekommen.«

Und dann lächelte er. Weil es jetzt nur noch für Towers eine Rolle spielte, und Towers konnte es ertragen. »Wissen Sie, es kommt nicht oft vor, daß einer zu sich sagt, du gehörst erschossen, und gleich tut ihm jemand den Gefallen.« Er bewegte sich, wovon die Wunde weh tat. Es war nicht so schlimm. Es war wie das Ziepen einer Haarbürste oder eine Runde Holzhacken. Es machte ihm nichts aus.

Aber dann sagte Lyn, als ginge sie zugrunde: »Ich habe Angst.« Sie war ja vollkommen zerbrochen. Sie war nicht *Lyn*. Sie sah weiß und alt und krank aus, und sie zitterte, als würde sie zerbrechen. »Ich fürchte mich vor dem Heimgehen. Das stimmt«, jammerte sie. »Ich fürchte mich vor der Nacht. Ich würde g-gehen, aber ich habe Angst. So sch-schreckliche Dinge . . . Ich weiß überhaupt nichts. Ich fürchte mich davor, wie dumm ich mich angestellt habe.« Sie weinte.

Jed zuckte zusammen. »Da hast du auch recht«, sagte er grimmig. Aber es war nicht *Lyn*. Es war krank und häßlich.

Ruth sagte: »Scht . . .« Sie kam aus Bunnys Zimmer und ließ die Tür weit offen. Sie trug einen Männerbademantel aus Wolle, denn mittlerweile war ihr vom Schock kalt. (Und Jed war froh darum, als er an Nell in dem langen Seidengewand dachte.) Aber ihr ramponiertes Gesicht war heiter.

Lyn erstickte ihr Wimmern.

Peter führte Ruths Hand an seine Wange. »Schläft sie?« flüsterte er, und sie nickte. Sie sah wunderschön aus, die kleine, blonde Mrs. Jones.

»Einen Drink, Liebling?«

»Nicht nach der Schokolade.«

»Ruthie, würdest du dich fürchten, wenn ich die junge Dame nach Hause brächte?«

»Aber nein«, sagte Ruth lächelnd.

»Äh, weißt du, Towers kann nicht. Er gehört ins Bett.«

Jed sagte erschrocken: »Ja, und da gehe ich auch hin. Aber hören Sie, lassen Sie doch das Hotel jemand schikken. Lyn kann nicht allein gehen. Aber Sie können Mrs.

Jones nicht allein lassen, Sir.« Sie hat genug mitgemacht, dachte er.

Ruth lächelte sie alle an. »Keine Angst«, sagte sie sanft.

»Da sitzen wir und bekommen weiße Haare«, murmelte Peter gleich darauf, doch seine Augen leuchteten, »und sie sagt: ›Keine Angst‹.«

»Untersteh dich bloß!« sagte Ruth lächelnd. »Was würde denn aus uns allen werden?«

Sie blieb nicht lange bei ihnen. Sie war nicht ganz in Zimmer 807. Sie küßte Peter auf die Stirn, sagte reihum gute Nacht. Sie sagte nicht danke. Vielleicht vergaß sie es, oder sie wußte Bescheid... Sie zog sich zurück, kehrte zu ihrem schlafenden Kind zurück, und die Tür schloß sich hinter ihr.

Sie saßen da und tranken still. Lyns Gesicht war rosig, ihr Blick war beschämt, ihr Rücken war gerader. Jed dachte, ich kenne sie. Ich weiß, aus welchem Holz sie geschnitzt ist. Und, so wurde ihm klar, *sie* wußte mehr über Towers, den wahren Towers, als irgend jemand sonst auf der Welt. Etwas wuchs hier... hätte nie wachsen können, wenn sie beispielsweise ins Kino gegangen wären. Etwas Bekanntes, in guten wie in schlechten Tagen. Er berührte ihre Hand. Sie drehte ihre um, und ihre eisigen Finger hielten fest. »Setzt du irgendwann einen Schluß unter meinen Brief, Schatz?«

»Was für einen, Jed?«

»Den üblichen Schluß«, sagte er nüchtern. Stets die Deine. So schloß man einen Brief.

Lyn lächelte wie der Regenbogen.

Ich muß einfach auf sie aufpassen, dachte er. Sie darf keine Angst haben. Seine Finger strichen demütig über ihren zarten Handrücken.

Peter sagte: »Jawohl. Wir haben schon Grund, uns zu fürchten. Mit einfältigem Optimismus ist es keineswegs getan. Keineswegs. Aber wir dürfen uns trotzdem nicht fürchten.«

»Mut«, seufzte Miss Ballew. Sie erhob sich, um gute Nacht zu sagen.

»Wir sind Fremde«, sagte Peter dunkel. »Wen kennen wir? Einen – wenn man Glück hat. Nicht viel mehr. Sieht so aus, als müßten wir lernen, wie wir einander vertrauen können. Wie wir es erkennen können... Wie wir es wagen können... Alles beruht auf Vertrauen zwischen Fremden. Alles andere ist ein Kartenhaus.«

Miss Ballew ging auf ihr Zimmer, nachdem sie um Mitternacht mit Fremden getrunken hatte! Fremden und Freunden! Sie war, und zwar nicht vom Alkohol, ein kleines bißchen berauscht. Ihr war warm ums Herz und ein bißchen zum Weinen, und sie fühlte sich recht tapfer.

Peter kam zurück, setzte sich und musterte die beiden, wobei sich seine Lippen bewegten. »Verdammt«, rief Peter O. Jones. »Wenn ich das bloß gesagt hätte!«

»Was gesagt, Mr. Jones?«

»Was ich gerade gesagt habe!« Peter war ärgerlich.

Lyns Blick traf Jeds und traute sich, ein kleines bißchen lustig zu sein. »Aber... Mr. Jones, das haben Sie doch gerade. Oder?«

»In meiner Rede!« rief Peter. »*Jetzt* muß ich mir einen besseren Schluß einfallen lassen.« Er funkelte sie an.

Charlotte Armstrong
im Diogenes Verlag

»Eine Mischung aus Cornell Woolrich und Shirley Jackson.« *The New York Times*

Charlotte Armstrong (1905–1969), geboren in Vulcan, Michigan. Sie studierte in Wisconsin und New York, arbeitete für die *New York Times*, veröffentlichte Gedichte im *New Yorker*, schrieb Kurzgeschichten, Romane und Drehbücher, von denen einige von Alfred Hitchcock verfilmt wurden. *Schlafe, mein Kindchen* diente als Vorlage zum Film *Don't Bother to Knock* mit Marilyn Monroe in der Hauptrolle. *Die sanfte Stimme des Bösen* wurde 1947 von Michael Curtiz mit Claude Rains und Joan Caulfield verfilmt. 1956 erhielt Charlotte Armstrong den Edgar Allan Poe Award der Mystery Writers of America .

Schlafe, mein Kindchen
Roman. Aus dem Amerikanischen
von Nikolaus Stingl

Die sanfte Stimme des Bösen
Roman. Deutsch von Brigitte Mentz

Die Welt steht kopf
Kriminalgeschichten

Ein Schluck Gift
Roman. Deutsch von Hansjürgen Wille
und Barbara Klau

Celia Fremlin
im Diogenes Verlag

»Celia Fremlin ist neben Margaret Millar und Patricia Highsmith als wichtigste Vertreterin des modernen Psychothrillers hierzulande noch zu entdecken.«
Frankfurter Rundschau

Klimax
oder Außerordentliches Beispiel von Mutterliebe. Roman. Aus dem Englischen von Dietrich Stössel

Onkel Paul
Roman. Deutsch von
Isabella Nadolny

Parasiten-Person
Roman. Deutsch von
Monika Elwenspoek

Zwielicht
Roman. Deutsch von
Ursula Kösters-Roth

*Wer hat Angst
vorm schwarzen Mann?*
Roman. Deutsch von Otto Bayer

*Die Stunden
vor Morgengrauen*
Roman. Deutsch von Isabella Nadolny

Rendezvous mit Gestern
Roman. Deutsch von Karin Polz

Die Spinnen-Orchidee
Roman. Deutsch von
Isabella Nadolny

*Ein schöner Tag zum
Sterben*
Erzählungen. Deutsch von
Ursula Kösters-Roth

*Gibt's ein Baby, das nicht
schreit?*
Roman. Deutsch von
Isabella Nadolny

Die Eifersüchtige
Roman. Deutsch von
Barbara Rojahn-Deyk

Unruhestifter
Roman. Deutsch von
Monika Elwenspoek

Patricia Highsmith
im Diogenes Verlag

Der talentierte Mr. Ripley
Roman

Ripley Under Ground
Roman

Ripley's Game
oder Ein amerikanischer Freund
Roman

Der Junge, der Ripley folgte
Roman

Ripley Under Water
Roman

Venedig kann sehr kalt sein
Roman

Das Zittern des Fälschers
Roman

Lösegeld für einen Hund
Roman

Der Stümper
Roman

Zwei Fremde im Zug
Roman

Der Geschichtenerzähler
Roman

Der süße Wahn
Roman

Die zwei Gesichter des Januars
Roman

Kleine Geschichten für Weiberfeinde

Kleine Mordgeschichten für Tierfreunde

Der Schrei der Eule
Roman

Ein Spiel für die Lebenden
Roman

Die gläserne Zelle
Roman

Ediths Tagebuch
Roman

Der Schneckenforscher
Elf Geschichten

Leise, leise im Wind
Zwölf Geschichten

Tiefe Wasser
Roman

Keiner von uns
Elf Geschichten

Leute, die an die Tür klopfen
Roman

Nixen auf dem Golfplatz
Erzählungen

Suspense
oder Wie man einen Thriller schreibt

Elsie's Lebenslust
Roman

Geschichten von natürlichen und unnatürlichen Katastrophen

Meistererzählungen
Ausgewählt von Patricia Highsmith

Carol
Roman einer ungewöhnlichen Liebe
Deutsch von Kyra Stromberg

Als Ergänzungsband liegt vor:

Über Patricia Highsmith
Zeugnisse von Graham Greene bis Peter Handke

Ingrid Noll
im Diogenes Verlag

Der Hahn ist tot

Roman

Mit zweiundfünfzig Jahren trifft sie die Liebe wie ein Hexenschuß. Diese letzte Chance muß wahrgenommen werden, Hindernisse müssen beiseite geräumt werden. Sie entwickelt eine bittere Tatkraft: Rosemarie Hirte, Versicherungsangestellte, geht buchstäblich über Leichen, um den Mann ihrer Träume zu erbeuten.

»Die Geschichte mit dem überraschenden Schluß ist eine Mordsgaudi. Ein Krimi-Spaß speziell für Frauen. Ingrid Noll hat das mit einem verschwörerischen Augenblinzeln hingekriegt. Wenn die Autorin so munter weitermordet, wird es ein Vergnügen sein, auch ihr nächstes Buch zu lesen.«
Martina I. Kischke/Frankfurter Rundschau

»Ein beachtlicher Krimi-Erstling: absolut realistisch erzählt und doch voll von schwarzem Humor. Der Grat zwischen Karikatur und Tragik ist haarscharf gehalten, die Sache stimmt und die Charaktere auch. Gutes Debüt!« *Ellen Pomikalko/Brigitte, Hamburg*

»Wenn Frauen zu sehr lieben... ein Psychokrimi voll trockenem Humor. Spielte er nicht in Mannheim, könnte man ihn für ein Werk von Patricia Highsmith halten.« *Für Sie, Hamburg*

Die Häupter meiner Lieben

Roman

Maja und Cora, Freundinnen seit sie sechzehn sind, lassen sich von den Männern so schnell nicht an Draufgängertum überbieten. Kavalierinnendelikte und böse Mädchenstreiche sind ebenso von der Partie wie Mord und Totschlag. Wehe denen, die ihrem Glück in der Toskana im Wege stehen! *Die Häupter meiner Lieben* ist ein rasanter Roman, in dem die Heldinnen ihre Familienprobleme auf eigenwillige Weise lösen.

»Eine munter geschriebene Geschichte voll schwarzen Humors, richtig süffig zu lesen. Ingrid Noll kann erzählen und versteht es zu unterhalten, was man von deutschen Autoren bekanntlich nicht oft sagen kann.« *Frankfurter Allgemeine Zeitung*

»Ein herzerquicklich unmoralischer Lesestoff für schwarze Stunden.« *Der Standard, Wien*

»Spätestens seit im Kino *Thelma & Louise* Machos verschreckt haben, floriert überall der biestige Charme gewissenloser Frauenzimmer. Ihre Waffen: flinke Finger, Tränen, Zyankali.« *stern, Hamburg*

»So schamlos amoralisch, charmant und witzig wurden Männer bisher nicht unter den Boden gebracht.« *SonntagsZeitung, Zürich*

Margaret Millar
im Diogenes Verlag

»Margaret Millar beweist in ihren Krimis ein psycho-
logisches Gespür für die Abgründe menschlichen
Denkens und Handelns hinter den bürgerlichen Fas-
saden. Ohne Schnörkel, ohne jemals langatmig zu
werden, erzählt sie spannende und beklemmende Geschichten, die den Leser nicht loslassen.«
Radio Bremen

»Margaret Millars Blick ist so scharf wie der von
Patricia Highsmith; noch entschiedener enthält sie
sich jeden Effektes, jeder Extravaganz.«
Die Zeit, Hamburg

Die Feindin
Roman. Aus dem Amerikanischen
von Elizabeth Gilbert

*Liebe Mutter,
es geht mir gut...*
Roman. Deutsch von
Elizabeth Gilbert

*Ein Fremder liegt in
meinem Grab*
Roman. Deutsch von
Elizabeth Gilbert

Die Süßholzraspler
Roman. Deutsch von Georg Kahn-
Ackermann und Susanne Feigl

*Von hier an wird's
gefährlich*
Roman. Deutsch von Fritz Güttinger

Fragt morgen nach mir
Roman. Deutsch von Anne Uhde

Der Mord von Miranda
Roman. Deutsch von Hans Hermann

Das eiserne Tor
Roman. Deutsch von Karin Reese
und Michel Bodmer

*Nymphen gehören
ins Meer!*
Roman. Deutsch von
Otto Bayer

Fast wie ein Engel
Roman. Deutsch von Luise Däbritz

Die lauschenden Wände
Roman. Deutsch von Karin Polz

Banshee die Todesfee
Roman. Deutsch von Renate Orth-
Guttmann

Kannibalen-Herz
Roman. Deutsch von Jobst-Christian
Rojahn

*Gesetze sind wie
Spinnennetze*
Roman. Deutsch von Jobst-Christian
Rojahn

Blinde Augen sehen mehr
Roman. Deutsch von Renate Orth-
Guttmann

Wie du mir
Roman. Deutsch von
Renate Orth-Guttmann